Speak Japanese!

どんどん話せる！

日本語会話フレーズ大特訓 必須700

700 Essential Phrases for Japanese Conversation

監修
水谷信子
Mizutani Nobuko

棚橋明美／アニタ・ゲスリング／岡村佳代
Tanahashi Akemi *Anita Gesling* *Okamura kayo*

Jリサーチ出版

Introduction

This book was created out of a want to fulfill the desires of people who aren't satisfied with their current level of Japanese conversation—speakers who are able to roughly handle day to day speech, but still want to bring their speaking to the next level by using effective expressions to communicate exactly how they feel.

In this book, we have collected 700 useful phrases that go beyond standard sayings used in daily life and allow you to precisely convey your thoughts and feelings in order to enrich your communications with Japanese people. It can be used for practice on both a grammatical and functional level.

Parts 1 and 2 begin by solidifying the basics of conversation, such as addressing, greeting, thanking, apologizing, inviting, requesting, and so on. Part 3 helps polish your knowledge of grammar, needed in order to express yourself clearly.

Parts 4 and 5 are practice for functioning in society, covering topics such as shopping, travel, work, hobbies, family, friends, and more. The aim of these chapters is to become able to interact solidly with Japanese people.

To give an example, readers will review basic expressions such as the emergency phrase, "Kyūkyūsha o yondekudasai!" or the phrase for stating their opinion, "Sugoku yokattadesu." As for grammatical knowledge, items such as the usage of "nagara" in "Sumaho o minagara arukuto abunai desuyo" or the "~ yō to omou" in "Raigets, kyōto he ikō to omotteimasu." will be reviewed. Phrases dealing with situations you will want to master, such as talking about shopping or travel, like the phrase "Yama ga suki desuga, umi ni iketara ureshii desu," have been collected in this book.

The recordings in this book try a new approach, beginning with English and following it with slowly-spoken Japanese, then naturally-spoken Japanese after that, allowing for even more effective practice. We have also included easy-to-understand explanations of how to use phrases, as well as many natural sample sentences that are unlike what you would find in a traditional textbook. We hope you make good use of these resources.

We truly wish for our readers to be able to confidently express themselves when communicating in Japanese, and we hope that this book will help you do that.

Nobuko Mizutani

Table contents

Part1

1 Greeting 16
2 Daily life 18
3 Emergency 20

Part2

1 Greeting 24
2 Self-introduction 26
3 Thanking and apologizing 28
4 Asking 30
5 Inviting 32
6 Accepting and declining invitations 34
7 Asking a question 36
8 Suggesting 38
9 Offering 40
10 Expressing concern 42
11 Encouraging 44
12 Impressions 46
13 Complaining 48
14 Making reservation 50

15 Requesting 52

Part3

1 N1 wa N2 desu./ N1 wa A desu. 56
2 Like don’ t like, be good at,
be not good at 58
3 Adjectives 60
4 Expressing existence 62
5 Want to ~ / Would like to ~ 64
6 Qualifying nouns 66
7 ~te kudasai / ~ naide kudasai. 68
8 ~masen ka/ ~masen?/ ~mashō ka/
~mashō yo 70
9 The Verb“ to Wear” 72
10 ~teiru 74
11 ~te kara/ ~ta ato/ ~tara 76
12 ~te shimau/ ~chau 78
13 ~ta mama/ ~ppanashi 80
15 ~nagara/ ~shi(~shi) 82
15 ~te mo ii/ ~naide kudasai/
~te wa ikemasen 84

16 ~ta kogo ga arimasu •••••••••••••••••••••••• 86
17 potential, perceptual, sensual ••••••••••••• 88
18 Interrogatives •••••••••••••••••••••••••••••••• 90
19 ~te okimasu/ ~te arimasu/ ~te imasu •••• 92
20 yō (to omou)/ ~tai to omou •••••••••••••• 94
21 Conditional expressions •••••••••••••••••••• 96
22 ~te/ ~node/ ~kara [Reasons] ••••••••••••• 98
23 ageru/ kureru/ morau •••••••••••••••••••• 100
24 ~Noni •••••••••••••••••••••••••••••••••••••• 102
25 ~rashī/ ~mitai/ ~ppoi •••••••••••••••••••• 104
26 ~sō/ ~tte [hearsay] •••••••••••••••••••••• 106
27 sō [mode] •••••••••••••••••••••••••••••••••• 108
28 ~yō ni naru/ ~ku naru/ ~ni naru •••••••• 110
29 Passive / Causative •••••••••••••••••••••• 112
30 Honorific expression ••••••••••••••••••••• 114

Part4

1 Catching a train •••••••••••••••••••••••••• 118
2 Catching a bus or a taxi •••••••••••••••••• 120
3 Asking a way •••••••••••••••••••••••••••••• 122

4 At a hotel ··························· 124
5 At a restaurant or coffee shop ① ·········· 126
6 At a restaurant or coffee shop ② ·········· 128
7 At a department store ① ·················· 130
8 At a department store ② ·················· 132
9 At a supermarket or convenience store ··· 134
10 At a shop such as an electronics store ···· 136
11 At a drug store ·························· 138
12 At a hospital ···························· 140
13 At a post office, bank or Government office ① ·························· 142
14 At a post office, bank or Government office ② ·························· 144
15 At a university ① ························ 146
16 At a university ② ························ 148
17 At the office ① ·························· 150
18 At the office ② ·························· 152
19 Visiting a friend's or teacher's house ···· 154
20 With host family ························· 156
21 At a real estate agent ··················· 158

22 Talking with neighborhood ··· 160
23 Talking on the phone ① ··· 162
24 Talking on the phone ② ··· 164
25 Talking on the phone ③ ··· 166
26 Talking on the phone ④ ··· 168
27 Talking on the phone ⑤ ··· 170
28 Going on a date ··· 172
29 At the police or kōban ··· 174
30 Making travel plan ··· 176
31 At a travel agency ··· 178
32 At a hair salon ··· 180
33 Part time job interview ··· 182

Part5

1 Sport ··· 186
2 Movies ··· 188
3 Family ··· 190
4 Health ··· 192
5 Hobbies ··· 194
6 Weekend ··· 196

7 Weather …… 198
8 Japan …… 200
9 Books …… 202
10 Travel …… 204

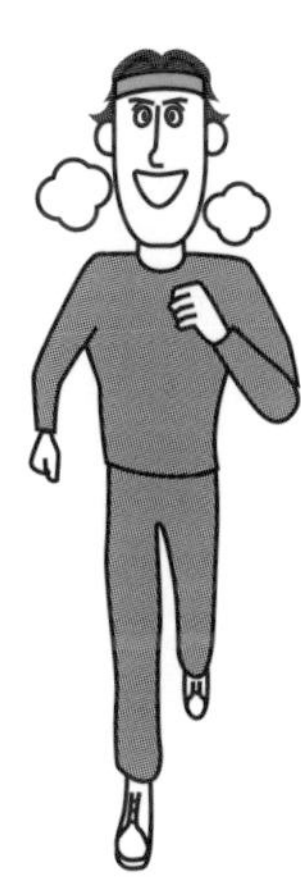

学習の流れ

この本は大きく、5つのパート（「初歩編」「機能編」「文法編」「場面編」「トピック編」）で構成され、次のステップで学習を進めます。気軽に繰り返し練習しながら、日本語の表現がすぐ言えるようになることをめざします。

STEP 1 フレーズの意味を理解する

まずフレーズの意味、フレーズが使われる場面やそれを使う意図を確認します。パートごと、ユニットごとのテーマを生かして学習していきます。

STEP 2 CDを聞きながら、日本語の特徴をつかむ

英語と比べながら、文の構造や音のアクセントやイントネーションなど、日本語の特徴をつかみます。

STEP 3 フレーズを口に出して言う

初めはゆっくり、次は自然にと、日本語は2回読まれます。CDの音声のすぐ後を追いかけるように、まねして自分で言ってみましょう。さらに慣れてきたら、本を見ないで音だけで練習をしましょう。

STEP 4 くりかえし練習

くりかえし学習することで、どんどん効果が増します。CDの音を気軽に聞き流すだけでもいいですし、声に出して練習すると、さらにいいでしょう。
☞「CDの使い方」（p.14）

How to Proceed with Your Studies

This book is broadly divided into 5 sections: "Essential," "Function," "Grammar," "Scene," and "Topic." Proceed with your studies according to the steps listed below. Work toward the goal of being able to quickly say the correct Japanese expression by practicing consistently and thoroughly.

STEP 1 Understand the meaning of the phrase

First, get an understanding of the meaning of the phrase, imagine where the conversations are taking place, and understand the intention of the phrase. The themes in each part and unit will help you learn their content.

STEP 2 Understand details of the Japanese while listening to the CD

Grasp the unique details of the Japanese sentences, such as sentence structure and spoken accents and intonation, while comparing them to the English.

STEP 3 Speak the phrases

The Japanese on the CD is read twice. Once slowly, and once at a natural speed. Try imitating the voice you hear on the CD by speaking the phrases immediately after you hear them. Once you get more familiar with them, practice without looking to the book and only listening to the CD.

STEP 4 Practice through repetition

This textbook only becomes more effective as you repeatedly use it to study. Simply listening to the CD will help, but practicing while speaking will be even better. (See "How to Use the CD," p.14)

How to Proceed with Your Studies

- Each unit will begin with a description of its theme, along with a simple introduction.

- The CD will begin with a reading of the English sentence. Try to imagine the situation where it would be said.

- An important point when going from the English expression to the Japanese expression will be displayed.

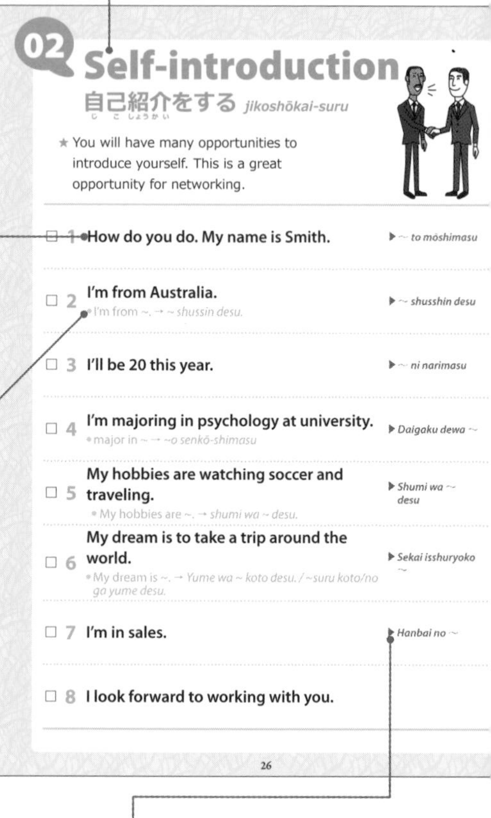

02
Self-introduction
自己紹介をする jikoshōkai-suru
★ You will have many opportunities to introduce yourself. This is a great opportunity for networking.
1 How do you do. My name is Smith.
▶ ~ to mōshimasu
2 I'm from Australia.
• I'm from ~. → ~ shusshin desu.
▶ ~ shusshin desu
3 I'll be 20 this year.
▶ ~ ni narimasu
4 I'm majoring in psychology at university.
• major in ~ → ~o senkō-shimasu
▶ Daigaku dewa ~
5 My hobbies are watching soccer and traveling.
• My hobbies are ~. → shumi wa ~ desu.
▶ Shumi wa ~ desu
6 My dream is to take a trip around the world.
• My dream is ~. → Yume wa ~ koto desu. / ~suru koto/no ga yume desu.
▶ Sekai isshuryoko ~
7 I'm in sales.
▶ Hanbai no ~
8 I look forward to working with you.
26

- A hint to speaking the phrase in Japanese, such as the initial word or key word in the sentence, will be displayed.

- Small points of advice are given, primarily for points that may be difficult for English speakers to understand.

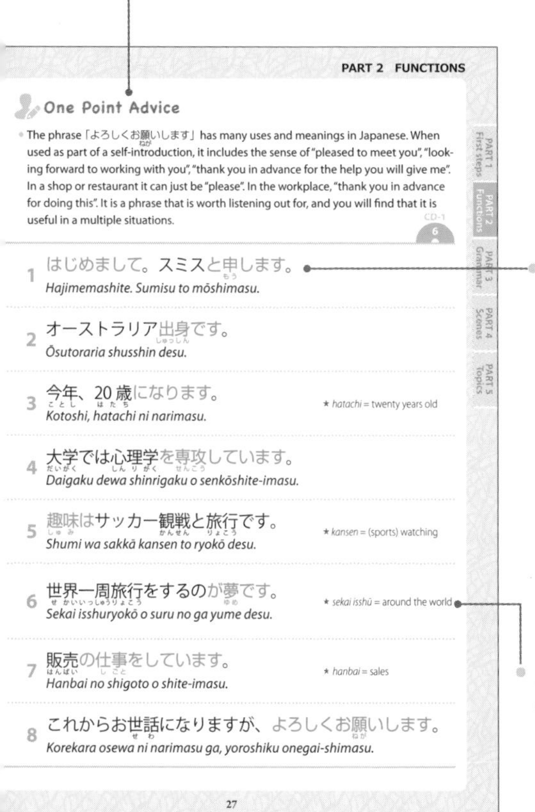

PART 2 FUNCTIONS

One Point Advice

- The phrase「よろしくお願いします」has many uses and meanings in Japanese. When used as part of a self-introduction, it includes the sense of "pleased to meet you", "looking forward to working with you", "thank you in advance for the help you will give me". In a shop or restaurant it can just be "please". In the workplace, "thank you in advance for doing this". It is a phrase that is worth listening out for, and you will find that it is useful in a multiple situations.

CD-1 6

1 はじめまして。スミスと申します。
Hajimemashite. Sumisu to mōshimasu.

2 オーストラリア出身です。
Ōsutoraria shusshin desu.

3 今年、20歳になります。 ★ *hatachi* = twenty years old
Kotoshi, hatachi ni narimasu.

4 大学では心理学を専攻しています。
Daigaku dewa shinrigaku o senkōshite-imasu.

5 趣味はサッカー観戦と旅行です。 ★ *kansen* = (sports) watching
Shumi wa sakkā kansen to ryokō desu.

6 世界一周旅行をするのが夢です。 ★ *sekai isshū* = around the world
Sekai isshuryokō o suru no ga yume desu.

7 販売の仕事をしています。 ★ *hanbai* = sales
Hanbai no shigoto o shite-imasu.

8 これからお世話になりますが、よろしくお願いします。
Korekara osewa ni narimasu ga, yoroshiku onegai-shimasu.

27

- The phrase will be read twice in Japanese. Slowly the first time, then at a natural speed.

- A simple explanation of vocabulary that is difficult or requires special attention will be added.

CDの使い方

付属CDには、本の中で紹介している英語のフレーズとそれに対応する日本語のフレーズの両方が収録されています。

❶ まず最初に、１つのユニットの中で紹介されているフレーズをざっと読んでみましょう。会話が行われている場面をイメージしながら、意味を理解しましょう。英語と日本語、どちらが先でもかまいません。

❷ 次に、本を見ながらCDを聞きましょう。英語→日本語（少しゆっくり）→日本語（自然な速さ）で話されます。どんな音で話されているか、アクセントやイントネーションなど、音のニュアンスをつかみながら確認しましょう。

❸ 左のページ（英文とヒント）だけを見て、日本語で言ってみましょう。

❹ 今度は本を見ないで、英語を聞いてすぐ日本語が出るように練習しましょう。

How to Use the CD

The enclosed CD contains all of the English phrases and the corresponding Japanese phrases introduced in this book.

❶ First, quickly read over all of the phrases introduced in a single unit. Imagine where the conversations are taking place while trying to understand the meaning of each phrase. You can begin with the phrases in either English or Japanese.

❷ Next, listen to the CD while you follow the text. The phrases will begin with English, then move to slow Japanese, then finish with regular-speed Japanese. Pay close attention to the sounds of the speech, and nuances of the sound, such as accents and intonations.

❸ Try speaking the Japanese while only looking at the page on the left (English sentences and hints).

❹ Next, practice so that you are able to speak the Japanese immediately after hearing the English without looking at the textbook.

PART 1
First steps

★ Relationships begin with greetings. Greet people and enjoy a great social life.

☐ 1 **Good morning.**

☐ 2 **Hello. (Good day.)**

☐ 3 **Good evening.**

☐ 4 **Good night.**

☐ 5 **How are you? I'm well, thanks.** ▶～ *desuka?*

☐ 6 **Thank you. This looks delicious.**
• "*Itadakimasu*" is the greeting before eating.

☐ 7 **Thank you for the delicious meal.**
• "*Gochisōsama*" is the greeting after eating.

☐ 8 **Thank you very much. / Thanks.**

☐ 9 **Good bye.**

One Point Advice

- It is important to greet when you meet somebody. You could show your consideration for their conditions or feelings by greeting. So people often say something more after greeting and respond to it gratefully.

1 おはようございます。／おはよう。
Ohayō gozaimasu. ／ *Ohayō.*

2 こんにちは。
Konnichiwa.

3 こんばんは。
Konbanwa.

4 おやすみなさい。／おやすみ。
Oyasuminasai. ／ *Oyasumi.*

5 元気(げんき)ですか。——ええ、元気(げんき)ですよ。
Genki desu ka. —*Ē, genki desu yo.*
★ *genki* = be fine

6 いただきます。
Itadakimasu.
★ *itadakimasu* = polite way of saying of "*moraimasu*"

7 ごちそうさまでした。／ごちそうさま。
Gochisōsama deshita. ／ *Gochisōsama.*
★ *gochisō* = feast

8 ありがとうございます。／ありがとう。
Arigatōgozaimasu. ／ *Arigatō.*

9 さようなら。
Sayōnara.

02 Daily life

生活 *seikatsu*
せいかつ

★ Basic survival phrases. Be careful of intonation.

☐ 1 **Water, please.**
[When asking for something.]

▶～ ***o onegai-shimasu***

☐ 2 **(I'd like this) please.**
[When making a request.]

☐ 3 **(Can you help me) please.**
[When calling for a shop assistant.]

☐ 4 **I'm sorry.**
[When you are late.]

☐ 5 **Excuse me.**
[When placing an order in a restaurant.]

☐ 6 **Excuse me .**
[When calling someone.]

☐ 7 **Excuse me .**
[e.g. When asking people to move so you can get off the train.]

☐ 8 **Thank you (so much).**
[When expressing appreciation.]

☐ 9 **Please.**
[When offering something.]

One Point Advice

- Greetings are extremely important in Japanese culture. So much so that they are graded on the report card at elementary school. Many greetings have multiple meanings, and poor or non-existent English equivalents.「お願(ねが)いします」and「すみません」are just two of these. Listen carefully to find out how many different ways they are used.

CD-1

1 お水(みず)をお願(ねが)いします。[何(なに)かを頼(たの)む]
Omizu o onegai-shimasu. [*nanika o tanomu*]

2 これをお願(ねが)いします。[注文(ちゅうもん)する]
Kore o onegai-shimasu. [*chūmon-suru*]

3 お願(ねが)いします！ [店員(てんいん)を呼(よ)ぶ]
Onegai-shimasu. [*tenin o yobu*]

4 すみません。[遅(おく)れたとき]
Sumimasen. [*okureta toki*]

5 すみません！ [レストランで店員(てんいん)を呼(よ)ぶ]
Sumimasen! [*resutoran de ten-in o yobu*]

6 すみません。[人(ひと)に声(こえ)をかける]
Sumimasen. [*hito ni koe o kakeru*]

7 すみません。[電車(でんしゃ)などで人(ひと)にどいてもらうとき]
Sumimasen. [*densha nado de hito ni doite morau toki*]

8 （いつも）すみません。[感謝(かんしゃ)の気持(きも)ちを表(あらわ)す]
(Itsumo) Sumimasen. [*kansha no kimochi o arawasu*]

★ *itsumo* = always

9 どうぞ。[何(なに)かを差(さ)し出(だ)す]
Dōzo. [*nanika o sashidasu*]

Emergency

緊急 kinkyū

きんきゅう

★Language for emergency situations. Learn them well enough so that they can be used promptly.

- □ 1 **It hurts! (Ouch)**
- □ 2 **I've injured myself.**
- □ 3 **Would someone please come?**
- □ 4 **Please help me!**
- □ 5 **Please call an ambulance!**
- □ 6 **Please call the police!**
- □ 7 **It's dangerous!**
- □ 8 **Please stop (that).**
- □ 9 **Please say that again.** ▶ *Mōichido* ～

One Point Advice

- It is said that people tend to avoid saying their opinion clearly and speak ambiguously in Japanese culture. However, it is very important to describe your situation clearly when you are confused or in case of an emergency.

1 痛(いた)い。
Itai.
★ *~ga itai* = ~hurts

2 けがをしました。
Kega o shimashita.
★ *kega* = injury

3 誰(だれ)か来(き)てください！
Dare ka kite-kudasai!

4 助(たす)けてください！
Tasukete-kudasai!

5 救急車(きゅうきゅうしゃ)を呼(よ)んでください！
Kyūkyūsha o yonde-kudasai!
★ *kyūkyūsha* = ambulance

6 警察(けいさつ)を呼(よ)んでください！
Keisatsu o yonde-kudasai!
★ *keisatsu* = police

7 危(あぶ)ない！
Abunai!

8 やめてください。
Yamete-kudasai.

9 もう一度(いちど)言(い)ってください。
Mōichido itte-kudasai.
★ *mō ichido* = once more

Features of the Japanese Spoken Language 1

★ The Japanese spoken language is different from the written language in several ways. For example, in the spoken language, one or more sounds are often omitted, or a colloquially contracted form is used. If you can use these, your Japanese will sound more natural.

<Examples of omitted sounds>

Original	Omitted
～ています／ている **食(た)べています／食(た)べている** (now eating)	～てます／てる **食(た)べてます／食(た)べてる**

<Examples of contracted forms>

Original	Contracted
では **学生(がくせい)ではありません／学生(がくせい)ではない** (not a student)	じゃ **学生(がくせい)じゃありません／学生(がくせい)じゃない**
～てしまいます／てしまう **食(た)べてしまいます／食(た)べてしまう** (having eaten)	～ちゃいます／ちゃう **食(た)べちゃいます／食(た)べちゃう**
～ておきます／ておく **食(た)べておきます／食(た)べておく** (having eaten beforehand)	～ときます／とく **食(た)べときます／食(た)べとく**
～のです／のだ **食(た)べるのです／食(た)べるのだ** (will surely eat)	～んです／んだ **食(た)べるんです／食(た)べるんだ**

★ If you speak in the polite spoken style using the polite form (です・ます), even if no KEIGO is used, your language will be appropriate. However, we recommend that you use the plain speech style, using the plain form, to your close friends.

<Examples of polite form and plain form>

Polite form	Plain form
書(か)きます／書(か)きました	書(か)く／書(か)いた
見(み)ます／見(み)ました	見(み)る／見(み)た
します／しました	する／した
行(い)きますか／行(い)きましたか	行(い)く？／行(い)った？
寒(さむ)いです／寒(さむ)かったです	寒(さむ)い／寒(さむ)かった
元気(げんき)です／元気(げんき)でした	元気(げんき)（だ）／元気(げんき)だった

Here is an example of a casual conversation in the plain speech style.

A「もうレポート書(か)いちゃったの？早(はや)いね。」
B「うん、早(はや)く遊(あそ)びに行(い)きたいからね」

A: Have you already finished writing your report? That was quick!
B: Yeah, because I want to go out (and play) as soon as possible.

PART 2
Functions

Greeting

あいさつをする *aisatsu o suru*

★ Greetings vary depending on the situation. Use appropriate greetings and enjoy communicating with people.

☐ 1 **Good morning.**

☐ 2 **I'm sorry for not contacting you for so long.**

☐ 3 **How are you getting along?**
— Things are the same as usual. ▸ *～ arimasen ka*

☐ 4 **How have you been?**
— Fine. ▸ *～ dōdesu ka*

☐ 5 [Said in a work situation with friends and colleagues as an expression of appreciation. Used when you meet them, pass by them or leave earlier than them.]
Hello.

☐ 6 [Said when you leave first.]
Excuse me. / Good bye. ▸ *osaki ni ～*

☐ 7 [Said when you enter a room, and/or interrupt a conversation.]
Excuse me.

☐ 8 [Said as you leave a location.]
Good bye.

☐ 9 **See you later.**

One Point Advice

- 「失礼(しつれい)します」、「お疲(つか)れさまです」 these two greetings are often used when taking leave from someone. The former has elements of "excuse me", "I'm leaving now", "good bye". The latter includes a sense of "good work", "job well done", "you/we worked hard together today".

1 おはようございます。
Ohayōgozaimasu.

2 お久(ひさ)しぶりです。／ご無沙汰(ぶさた)しております。
Ohisashiburi desu. / Gobusata shite-orimasu.

3 お変(か)わりありませんか。——はい、おかげさまで。 ★ *kawari* = change
Okawari arimasen ka? —Hai, okagesama de.

4 最近(さいきん)、調子(ちょうし)はどうですか。——まあまあです。 ★ *chōshi* = condition
Saikin, chōshi wa dō desu ka? —Māmā desu.

5 [職場(しょくば)などで、同僚(どうりょう)や仲間(なかま)に対(たい)して使(つか)うねぎらいの言葉(ことば)。会(あ)ったとき、すれ違(ちが)ったとき、別(わか)れるときなどに言(い)う。]
お疲(つか)れさまです。／お疲(つか)れ。
Otsukaresama desu. / Otsukare.

6 [先(さき)に帰(かえ)るときに言(い)う。] お先(さき)に失礼(しつれい)します。 ★ *saki ni* = ahead
[*Saki ni kaeru toki ni iu*] *Osaki ni shisturei-shimasu.*

7 [部屋(へや)に入(はい)るときや、何人(なんにん)かが話(はなし)をしているところに話(はな)しかけるときに言(い)う。]
失礼(しつれい)します。
[*Heya ni hairu toki ya, nan nin ka ga hanashi o shiteiru tokoro ni hanashikakeru toki ni iu*] *Shitsurei-shimasu.*

8 [その場(ば)を去(さ)るときに言(い)う。] では、失礼(しつれい)します。
[*Sonoba o saru toki ni iu*] *Dewa, shitsurei-shimasu.*

9 じゃ、またね。
Ja, mata ne.

02 Self-introduction

自己紹介をする jikoshōkai-suru

★ You will have many opportunities to introduce yourself. This is a great opportunity for networking.

☐ 1 **How do you do. My name is Smith.** ▶ *~ to mōshimasu*

☐ 2 **I'm from Australia.** ▶ *~ shusshin desu*
• I'm from ~. → *~ shussin desu.*

☐ 3 **I'll be 20 this year.** ▶ *~ ni narimasu*

☐ 4 **I'm majoring in psychology at university.** ▶ *Daigaku dewa ~*
• major in ~ → *~o senkō-shimasu*

☐ 5 **My hobbies are watching soccer and traveling.** ▶ *Shumi wa ~ desu*
• My hobbies are ~. → *shumi wa ~ desu.*

☐ 6 **My dream is to take a trip around the world.** ▶ *Sekai isshuryoko ~*
• My dream is ~. → *Yume wa ~ koto desu. / ~suru koto/no ga yume desu.*

☐ 7 **I'm in sales.** ▶ *Hanbai no ~*

☐ 8 **I look forward to working with you.**

One Point Advice

- The phrase「よろしくお願(ねが)いします」has many uses and meanings in Japanese. When used as part of a self-introduction, it includes the sense of "pleased to meet you", "looking forward to working with you", "thank you in advance for the help you will give me". In a shop or restaurant it can just be "please". In the workplace, "thank you in advance for doing this". It is a phrase that is worth listening out for, and you will find that it is useful in a multiple situations.

CD-1 6

1 はじめまして。スミスと申(もう)します。
Hajimemashite. Sumisu to mōshimasu.

2 オーストラリア出身(しゅっしん)です。
Ōsutoraria shusshin desu.

3 今年(ことし)、20歳(はたち)になります。
Kotoshi, hatachi ni narimasu.

★ *hatachi* = twenty years old

4 大学(だいがく)では心理学(しんりがく)を専攻(せんこう)しています。
Daigaku dewa shinrigaku o senkōshite-imasu.

5 趣味(しゅみ)はサッカー観戦(かんせん)と旅行(りょこう)です。
Shumi wa sakkā kansen to ryokō desu.

★ *kansen* = (sports) watching

6 世界一周旅行(せかいいっしゅうりょこう)をするのが夢(ゆめ)です。
Sekai isshuryokō o suru no ga yume desu.

★ *sekai isshū* = around the world

7 販売(はんばい)の仕事(しごと)をしています。
Hanbai no shigoto o shite-imasu.

★ *hanbai* = sales

8 これからお世話(せわ)になりますが、よろしくお願(ねが)いします。
Korekara osewa ni narimasu ga, yoroshiku onegai-shimasu.

03 Thanking and apologizing

お礼を言う・謝る *orei o iu / ayamaru*

れい　い　あやま

★ There are many different ways to express thanks and appreciation.

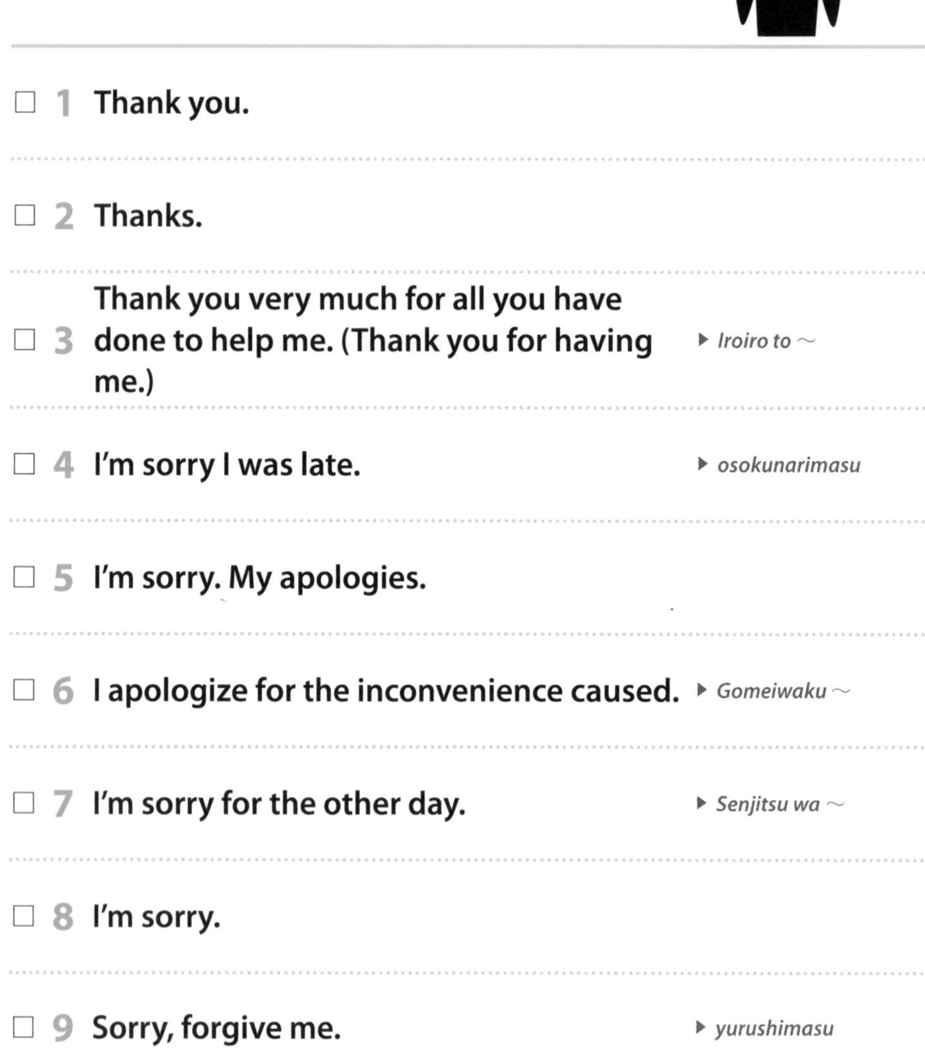

- □ 1 **Thank you.**
- □ 2 **Thanks.**
- □ 3 **Thank you very much for all you have done to help me. (Thank you for having me.)** ▸ *Iroiro to* ～
- □ 4 **I'm sorry I was late.** ▸ *osokunarimasu*
- □ 5 **I'm sorry. My apologies.**
- □ 6 **I apologize for the inconvenience caused.** ▸ *Gomeiwaku* ～
- □ 7 **I'm sorry for the other day.** ▸ *Senjitsu wa* ～
- □ 8 **I'm sorry.**
- □ 9 **Sorry, forgive me.** ▸ *yurushimasu*

One Point Advice

- The phrase「ご迷惑(めいわく)をおかけして…」is used even when you haven't really inconvenienced someone. It can be a conversation starter; "I'm sorry I inconvenienced you," "oh no, not at all….". It is a way of humbling yourself in front of the listener and expressing your incompetence – although you may not be at all incompetent.

1 ありがとうございます。
Arigatōgozaimasu.

2 ありがとう！
Arigatō!

3 いろいろとお世話(せわ)になり、ありがとうございました。
Iroiro to osewa ni nari, arigatō gozaimashita.

4 遅(おそ)くなってすみませんでした。
Osokunatte sumimasen deshita.

★ *osokunarimasu* = be late for

5 申(もう)し訳(わけ)ありませんでした。
Mōshiwake arimasen deshita.

6 ご迷惑(めいわく)をおかけして申(もう)し訳(わけ)ありません。
Gomeiwaku o okakeshite mōshiwake arimasen.

★ *meiwaku o kakemasu* = cause trouble
★ *go-/o-V-shimasu* = honorific expression

7 先日(せんじつ)は失礼(しつれい)いたしました。
Senjitsu wa shitsurei itashimashita.

★ *senjitsu* = the other day

8 ごめんなさい。
Gomennasai.

9 ごめん、許(ゆる)して！
Gomen, yurushite!

★ *yurushimasu* = forgive

04 Asking

依頼する irai-suru

★ Learn how to make requests, ask for favors and get things done.

☐ 1 **I have a small favor to ask.** ▸ *Chotto* ▸ *onegai-shimasu*
• favor to ask → *onegai shitai koto*

☐ 2 **Could you help me, please?** ▸ *tetsudaimasu*
• Could you ~please? → *~te itadakemasen ka?*

☐ 3 **Could you help me carry (move) this?** ▸ *issho ni*
• Could you ~? → *~te hoshī n desu ga.*

☐ 4 **Could you show me how to do that?** ▸ *Sore no yarikata*
• Could you ~? → *~te kure(/moraeru)masen ka?*

☐ 5 **Could you wait a little longer, please?** ▸ *Mōsukoshi*

☐ 6 **Can you come to the station at 9 AM tomorrow morning?** ▸ *Ashita no asa,*
• Can you ~? → *~te kuremasen ka / ~te moraeru?*

☐ 7 **Could you please tell Mr. Ishikawa for me?** ▸ *~ te kureru*
• tell → *renraku-shimasu*

☐ 8 **Could you lend me your Japanese Culture lecture notes, please.** ▸ *~ te kurenai*

One Point Advice

- The phrase「ですが」seen in the first example indicates that there is more to the request that is not being said. E.g. It is a lot of work; I'm sorry to impose on you and your time; I really need help with this.「ですが」softens the request that is being made and invites the listener to respond positively.

1 ちょっとお願(ねが)いしたいことがあるんですが。
Chotto onegai-shitai koto ga aru n desu ga.

2 ちょっと手伝(てつだ)っていただけませんか。
Chotto tetsudatte-itadakemasen ka?
★ *tetsudaimasu* = help

3 これを一緒(いっしょ)に運(はこ)んでほしいんですが。
Kore o issho ni hakonde-hoshī n desu ga.
★ *hakobimasu* = carry

4 それのやり方(かた)を教(おし)えてくれませんか。
Sore no yarikata o oshiete-kuremasen ka?
★ *yari-kata* = how to do

5 もう少(すこ)し待(ま)っていただけませんか。
Mōsukoshi matte-itadakemasen ka?

6 明日(あした)の朝(あさ)、9時(じ)に駅(えき)に来(き)てもらえる？
Ashita no asa, 9-ji ni eki ni kite-moraeru?

7 石川(いしかわ)さんに連絡(れんらく)しといてくれる？
Ishikawasan ni renraku-shitoite-kureru?
★ *renraku-shimasu* = contact, get in touch

8 日本文化論(にほんぶんかろん)のノート、貸(か)してくれない？
Nihon-bunka-ron no nōto, kashite-kurenai?
★ *Nihon-bunka-ron no nōto* = notes for "Japanese culture"
★ *kashimasu* = lend

05 Inviting

誘う sasou

★ Use these expressions to make friends.

- ☐ 1 **Would you like to go out to dinner next time?** ▸ *Yokattara ～ ka?*
  - Would you like to~? → *~masen ka?*
- ☐ 2 **Would you like to go next time?** ▸ *Kondo ～ ka?*
- ☐ 3 **I'm going out for a meal now, would you like to come?** ▸ *～ dō desu ka?*
  - to go out for a meal → *shokuji ni ikimasu*
- ☐ 4 **Mr. Tanaka, would you like to join us?** ▸ *～ ikagadesu ka?*
- ☐ 5 **Let's all go out to karaoke together next time.** ▸ *minna de*
  - Let's ~ → *~mashō*
- ☐ 6 **Please come to our party next week.** ▸ *zehi ～*
- ☐ 7 **Would you like another one?** ▸ *Mō ippai*
  - another one (drink) → *mō ippai*
- ☐ 8 **Do you have time now?** ▸ *Ima*
  - have time → *jikan ga arimasu*
- ☐ 9 **Do you have a day with no plans next week?** ▸ *～ aru*
  - a day with no plans → *aiteiru hi*

One Point Advice

- When you invite someone, it would be polite to consider their situation and use 「よかったら、～」 to make it easier for them to decline your invitation if they have to. People often ask their situation or plans before inviting someone using 「今(いま)、時間(じかん)ある？」「来週(らいしゅう)、空(あ)いてる日(ひ)ある？」, etc.

1 よかったら、今度(こんど)、食事(しょくじ)に行(い)きませんか。 ★ *shokuji* = meal
Yokattara, kondo, shokuji ni ikimasen ka?

2 今度(こんど)行(い)ってみませんか。 ★ *kondo* = next time
Kondo itte-mimasen ka?

3 今(いま)から食事(しょくじ)に行(い)くけど、一緒(いっしょ)にどうですか。
Ima kara shokuji ni iku kedo, issho ni dō desu ka?

4 田中(たなか)さんもご一緒(いっしょ)にいかがですか。
Tanakasan mo go-issho ni ikaga desu ka?

5 今度(こんど)、みんなでカラオケに行(い)きましょう。
Kondo, minna de karaoke ni ikimashō.

6 来週(らいしゅう)のパーティーにはぜひいらしてください。
Raishū no pātī niwa zehi irashite kudasai.
★ *irashite (irasshatte) kudasai* = *kite kudasai* [honorific]

7 もう一杯(いっぱい)いかがですか。
Mō ippai ikagadesu ka?
★ *ikaga desu ka* = *dō desu ka* [polite]

8 今(いま)、時間(じかん)ある？
Ima, jikan aru?

9 来週(らいしゅう)、空(あ)いてる日(ひ)ある？
Raishū aiteru hi aru?

06 Accepting and declining invitations

誘い(さそ)を受け(う)る・断る(ことわ) *sasoi o ukeru/kotowaru*

★Learn how to accept and decline invitations politely.

☐ 1 **That's a good idea.**

☐ 2 **Yes, of course.** ▸ *Hai ~*

☐ 3 **Yes, I'd like to come.** ▸ *Zehi ~*
•I'd like to ~ → *~tai desu*

☐ 4 **Thank you for inviting me.** ▸ *Goshōtai itadaki ~*

☐ 5 **Sorry, but I have other plans that day.** ▸ *Sumimasenga ~*

☐ 6 **(Sorry), I have plans today.** ▸ *~ node…*
•have plans → *yotei/yōji ga arimasu*

☐ 7 **I'd like to go if I can.** ▸ *Iketara ~*
•if I can~ → *~deki tara*

☐ 8 **Please invite me again.** ▸ *mata ~*

One Point Advice

- The Japanese do not say "no". If you make a request that cannot be fulfilled, they will suck in air, they will look pained, they will comment that it is difficult, or will take time. All of these are indirect ways of saying "no". Be careful, if you are not getting a direct "yes", you may be hearing an indirect "no".

CD-1

1 いいですね。
Ii desu ne.

2 はい、喜(よろこ)んで。
Hai, yorokonde.

★ *yorokonde* = with pleasure

3 ぜひ、ご一緒(いっしょ)させてください。
Zehi, goissho sasete-kudasai.

4 ご招待(しょうたい)いただき、ありがとうございます。
Goshōtai itadaki, arigatō gozaimasu.

★ *Shōtai-shimasu* = invite

5 すみませんが、その日(ひ)はちょっと…。
Sumimasen ga, sono hi wa chotto…

6 今日(きょう)は予定(よてい)がありますので…。
Kyō wa yotei ga arimasu node…

★ *yotei* = plan

7 行(い)けたら行(い)きます。
Iketara ikimasu.

8 すみません、また誘(さそ)ってください。
Sumimasen, mata sasotte-kudasai.

07 Asking a question

質問する shitsumon-suru
しつもん

★ Questions are the first step towards conversation and speaking a new language. Ask lots of them!

☐ 1 **May I ask a question?**
• May I ask~? → *kīte mo ii desu ka?*
▸ *Hitotsu ~*

☐ 2 **May I ask a question?**
• Can I ~? → *~dekimasu ka / ~te mo ii desu ka?*
▸ *Chotto ~*

☐ 3 **Why did you think that?**
• Why did you ~? → *Naze/Dōshite ~ta ka?*
▸ *Naze ~*
▸ *Dōshite ~*

☐ 4 **What is the topic for the report?**
▸ *~ wa nan desu ka?*

☐ 5 **When is the report due?**
▸ *~ wa itsu desu ka?*

☐ 6 **Where is the reception desk?**
▸ *~ wa doko desu ka?*

☐ 7 **What time did you say the game is tomorrow?**
▸ *nanji kara*

☐ 8 **How was the movie?**
• How was~? → *~wa dō deshita ka?*
▸ *Eiga wa ~*

☐ 9 **Do you like cats or dogs more?**
• like ~ more → *~(no hō) ga suki*
▸ *~ to ~ , docchi*

One Point Advice

- It is polite to confirm if the listener is available to answer your questions using「今(いま)、大丈夫(だいじょうぶ)ですか」before asking your questions.

1 一(ひと)つ聞(き)いてもいいですか。
Hitotsu kīte mo ii desu ka?

2 ちょっと聞(き)いてもいい？
Chotto kītemo- ii?

3 なぜそう思(おも)ったのですか。／どうしてそう思(おも)ったの？
Naze sō omotta no desu ka? / Dōshite sō omotta no?

4 レポートのテーマはなんですか。
Repōto no tēma wa nan desu ka?
★ *repōto* = report
★ *tēma* = theme

5 レポートの締(し)め切(き)りはいつですか。
Repōto no shimekiri wa itsu desu ka?
★ *shimekiri* = deadline

6 受付(うけつけ)はどこですか。
Uketsuke wa doko desu ka?
★ *uketsuke* = reception

7 明日(あした)の試合(しあい)って、何時(なんじ)からだっけ？
Ashita no shiai tte, nanji kara da kke?
★ *shiai* = game

8 映画(えいが)はどうでしたか。
Eiga wa dō deshita ka?

9 犬(いぬ)と猫(ねこ)、どっちが好(す)き？
Inu to neko, dotchi ga suki?

08 Suggesting

提案する teian-suru

てい あん

★ Make lots of suggestions at the office and/or school. Expand your social life.

☐ 1 **Would you like to check in early and then go for a walk around town?** ▸ *Hayame ni* ～
• Would you like ~? → ~ *masen ka?*

☐ 2 **Let's eat first and then do that.** ▸ *Mazu* ～ *te kara* ～

☐ 3 **How about tempura?** ▸ ～ *wa dō desu ka?*
• How about ~? → ~*wa dō desu ka?*

☐ 4 **How about tempura or something?** ▸ ～ *toka dō desu ka?*
• A or something → *A toka*

☐ 5 **I recommend Fujiya for tempura.** ▸ ～ *nara*
• I recommend ~ → ~ *o osusume-shimasu* / ~*ga osusume desu*

☐ 6 **I think it would be good to go a little early.** ▸ *Sukoshi hayame ni* ～
• I think it would be good → ~*ga ii to omoimasu*

☐ 7 **Yes, that's a good idea. Let's do it.** ▸ ～ *mashō*

☐ 8 **Let's all contribute towards a present.** ▸ *Minna de* ～

One Point Advice

- In Japan, it is unfavorable if you give your suggestions one-sidedly. Please use expressions like「～しませんか」,「～はどうですか」to hear their opinion when you make suggestions.

1 早(はや)めにチェックインして、街(まち)を散歩(さんぽ)しませんか。
Hayame ni chekkuin shite, machi o sanpo-shimasen ka?
★ *hayame ni* = early
★ *chekkuin* = check-in

2 まずお昼(ひる)を食(た)べてからにしませんか。
Mazu ohiru o tabete kara ni shimasen ka?
★ *ohiru* = lunch

3 天(てん)ぷらはどうですか。
Tenpura wa dō desu ka?

4 天(てん)ぷらとかどうですか。
Tenpura toka dō desu ka?

5 天(てん)ぷらなら、富士屋(ふじや)がおすすめです。
Tenpura nara, Fujiya ga osusume desu.
★ *osusume* = recommend

6 少(すこ)し早(はや)めに行(い)くのがいいと思(おも)いますよ。
Sukoshi hayame ni iku no ga ii to omoimasu yo.

7 いいですね。やりましょう。
Ii desu ne. Yarimashō.

8 みんなでプレゼントを買(か)いましょう。
Minna de purezento o kaimashō.

09 Offering

申し出る mōshideru

★These expressions are important when making some kind of offer.

☐ 1 **It's a bit hot, isn't it? Shall we open a window?** ▸ *~ desune*
•Shall we ~? → *~mashō(/masen/masu) ka?*

☐ 2 **Shall I bring some cold drinks?** ▸ *Nani ka ~*
•Shall I ~? → *(watashi ga) ~mashō ka?*

☐ 3 **Shall I send an email to the teacher?** ▸ *~ ni mēru-suru*

☐ 4 **If you like, I can do something to help.** ▸ *Yokattara ~*
•If you like → *yokattara*

☐ 5 **Please let me know if there is anything else I can do to help.** ▸ *Hoka ni mo ~*
•Please let me know → *shirasete/itte kudasai*

☐ 6 **Shall I pick you up from your house?** ▸ *Ie made*
•pick up someone → *mukae ni ikimasu*

☐ 7 **Shall I take you to the station?** ▸ *Eki made*
•take someone to ~ → *~made okurimasu*

☐ 8 **I'll get the tickets, OK?** ▸ *torimasu*

One Point Advice

- Japanese people try to avoid doing「ありがためいわく (unwanted favor)」. They worry that their kindness will turn out to be unwelcome to others, and often use「よかったら～ (If it is ok for you/if you like it)」when they want to offer something.

1 少し暑いですね。窓を開けましょうか。
すこ あつ まど あ
Sukoshi atsui desu ne. Mado o akemashō ka?

2 何か冷たい飲み物を持ってきましょうか。
なに つめ の もの も
Nani ka tsumetai nomimono o mottekimashō ka?

3 私が先生にメールしておきましょうか。
わたし せんせい
Watashi ga sensei ni mēru-shite okimashō ka?

★ *mēru* = mail

4 よかったら、お手伝いしますよ。
て つだ
Yokattara, otetsudai-shimasu yo.

★ *otetsudai* = help

5 ほかにもお手伝いできることがあったら、言ってください。
て つだ い
Hoka ni mo otetsudai dekiru koto ga attara, itte kudasai.

★ *hoka* = other
★ *tetsudai* = help

6 家まで迎えに行こうか。
いえ むか い
Ie made mukae ni ikō ka?

7 駅まで送るよ。
えき おく
Eki made okuru yo.

★ *okurimasu* = see off, take someone to

8 チケット、とっておくね。
Chiketto, totte oku ne.

10 Expressing concern

心配する shinpai-suru
しんぱい

★ Understanding how people feel is important. Expressing empathy is even better.

☐ 1 **What happened?** ▸ *Dō ～ ka?*

☐ 2 **Did something happen?** ▸ *Nani ga ～ ka?*

☐ 3 **Are you OK?**
• OK → *daijōbu(/ ii / kekkō)desu*

☐ 4 **You don't look very well. (You look pale.)** ▸ *Kaoiro*

☐ 5 **Where don't you feel well?** ▸ *Doko ka ～ ka?*

☐ 6 **Take it easy. Don't work too hard.** ▸ *Muri*

☐ 7 **Hadn't you better go home now?** ▸ *～ janai desu ka?*
• Had better ～ → *～ta hō ga ii*

☐ 8 **It's late. Be careful.** ▸ *～ te kudasai ne*

☐ 9 **Take care of yourself. I hope you feel better soon.** ▸ *Odaiji ni*

One Point Advice

- There are many expressions to show your concern about others' health. These expressions can also refer to how people feel, their mental tiredness and their busyness.

1 どうしたんですか。
Dō shita n desu ka?

2 何(なに)かあったんですか。
Nanika atta n desu ka?
★ *nanika* = something

3 大丈夫(だいじょうぶ)ですか。
Daijōbu desu ka?
★ *daijōbu* = okay

4 顔色(かおいろ)が良(よ)くないですね。
Kaoiro ga yokunai desu ne.
★ *kaoiro* = complexion

5 どこか具合(ぐあい)が悪(わる)いんですか。
Doko ka guai ga warui n desu ka?
★ *guai* = condition

6 無理(むり)しちゃダメですよ。
Muri shicha dame desu yo.

7 今日(きょう)はもう帰(かえ)ったほうがいいんじゃないですか。
Kyō wa mō kaetta hō ga īnjanai desu ka?

8 遅(おそ)いから、気(き)をつけてくださいね。
Osoi kara, ki o tsukete kudasai ne.

9 お大事(だいじ)にね。
Odaiji ni ne.

Encouraging

励ます hagemasu

(は げ)

★ Ways to encourage people using sensible words.

☐ 1 **Good luck. Try hard!** ▸ *ganbarimasu*

☐ 2 **I'm sure it will be fine.** ▸ *Kitto ~*

☐ 3 **Please, be confident.** ▸ *jishin*

☐ 4 **It's OK.** ▸ *~ desu yo*

☐ 5 **Please cheer up.** ▸ *Genki*

☐ 6 **There will be another chance.** ▸ *Mata ~*

☐ 7 **There's a long way to go from here.** ▸ *Madamada ~*

☐ 8 **Don't give up.**

One Point Advice

- The phrase「がんばって」or「がんばってください」is frequently used to encourage someone or wish them luck. If you are really trying had to accomplish something you may say がんばります or if you are working with a group or team you may all say「がんばりましょう」.

1 がんばってください。
Ganbatte kudasai.

2 きっとうまくいきますよ。 ★ *kitto* = surely
Kitto umaku ikimasu yo.

3 自信(じしん)を持(も)ってください。 ★ *jishin* = self-confidence
Jishin o motte kudasai.

4 大丈夫(だいじょうぶ)ですよ。
Daijōbu desu yo.

5 元気出(げんきだ)してください。
Genki dashite kudasai.

6 またチャンスがありますよ。
Mata chansu ga arimasu yo.

7 まだまだこれからですよ。
Madamada korekara desu yo.

8 あきらめないで！ ★ *akirame nai* = do not give it up
Akiramenaide!

12 Impressions

感想を言う kansō o iu

★ Talking about movies and concerts after seeing them with someone helps you develop even deeper friendships.

☐ 1 **That was excellent.** ▶ *Sugoku*

☐ 2 **That was very interesting.** ▶ *Totemo*

☐ 3 **That was quite good.** ▶ *Nakanaka*

☐ 4 **That was OK.** ▶ *Māmā*

☐ 5 **There was something missing.** ▶ *monotarinai desu*

☐ 6 **That wasn't very good.** ▶ *Amari* ～

☐ 7 **It wasn't quite what I expected.** ▶ ～ *to chigaimasu*

☐ 8 **That was not what I expected.** ▶ *Kitai hazure*

☐ 9 **That was superb. / That was terrible.** ▶ *saikō* ▶ *saitē*

One Point Advice

- Japanese people don't often tell you what they think about something directly except when it is really bad. They describe "bad" or "not good" using「あまりよくなかった (it was not so good)」, or「いまいち (could be better)」."

1 すごくよかったです。
Sugoku yokatta desu.

2 とても面白(おもしろ)かったです。
Totemo omoshirokatta desu.

3 なかなかよかったですよ。
Nakanaka yokatta desu yo.
★ *nakanaka* = quite

4 まあまあでした。
Māmā deshita.
★ *māmā* = so so

5 ちょっと物足(ものた)りなかったです。
Chotto monotarinakatta desu.
★ *monotarinai* = unsatisfied

6 あまりよくなかったです。
Amari yoku nakatta desu.

7 少(すこ)し期待(きたい)と違(ちが)いました。
Sukoshi kitai to chigaimashita.
★ *kitai* = expectation
★ *chigaimasu* = be different

8 期待(きたい)はずれでした。
Kitai hazure deshita.

9 最高(さいこう)でした。／最低(さいてい)でした。
Saikō deshita. / Saitei deshita.

13 Complaining

不満・苦情を言う *fuman/kujō o iu*

ふまん　くじょう　い

★ There are occasions when you need to complain about something in order to lead a more comfortable life overall.

- ☐ 1 **This is really terrible.** ▸ *hidoi*
- ☐ 2 **I'm fed up with this.** ▸ *iya*
- ☐ 3 **This is tedious.** ▸ *unzari*
- ☐ 4 **This is embarrassing.** ▸ *Komarimasu*
- ☐ 5 **Now I'm in trouble.** ▸ *Komatta*
- ☐ 6 **What's happening?** [about some troubles or problems] ▸ *Donatte ～ ka*
- ☐ 7 **I can't agree with that.** ▸ *Nattoku*
- ☐ 8 **Please do it the way it should be done.** • the way it should be done → *chanto* ▸ *Chanto*
- ☐ 9 **Please do something about it.** ▸ *Nantoka*

One Point Advice

- When you are in a professional situation or receiving services, you sometimes need to tell them your dissatisfaction clearly. It is important to tell them that you are not satisfied and ask for the explanation using「どうなっているんですか」without getting emotional.

CD-1 17

1 これはひどいです。
Kore wa hidoi desu.
★ *hidoi* = terrible

2 嫌(いや)になります。
Iya ni narimasu.
★ *iya ni narurimasu* = get fed up

3 うんざりです。
Unzari desu.
★ *unzari* = tedious

4 困(こま)りますね。
Komarimasu ne.
★ *komarimasu* = have trouble

5 困(こま)ったなあ。
Komatta nā.

6 どうなってるんですか。
Dōnatteru n desu ka?

7 納得(なっとく)できません。
Nattoku dekimasen.
★ *nattoku-shimasu* = agree

8 ちゃんとやってください。
Chanto yatte-kudasai.

9 何(なん)とかしてください。
Nantoka shite-kudasai.

Making reservation

予約(よやく)する *yoyaku-suru*

★ Travel agencies, restaurants and hair salons; these are just a few places where it is good to make a reservation.

☐ 1 **I'd like to reserve an airline ticket, please.** ▸ *Kōkuken no* ～
• I'd like to~ → *~o shitai no/n desu ga.*

☐ 2 **On December 1st from Haneda to Singapore please.** ▸ ～ *de onegai-shimasu*
• From A to B → *A hatsu B iki*

☐ 3 **What time are the flights?** ▸ *nanji nanpun*

☐ 4 **What time is the next one?** ▸ *Sono tsugi*
• The next one = *(sono) tsugi (no ~)*

☐ 5 **I'd like to make a reservation, please.** ▸ *Yoyaku o*

☐ 6 **¥3500 per person will include drinks.** ▸ *Yosan wa* ～ *desu*
• ~ per person → *hitori ~*

☐ 7 **When do I start incurring a cancellation fee?** ▸ *Itsu kara*

☐ 8 **I'd like to change the reservation, please.** ▸ ～ *taindesu ga*

☐ 9 **I'd like to cancel the reservation, please.** ▸ ～ *taindesu ga*

One Point Advice

- There are many travel brochures available and a lot of information online. The tendency is to quote all prices for a single adult, even if more than one person is staying in the same room.

1 航空券(こうくうけん)の予約(よやく)をしたいんですが。
Kōkūken no yoyaku o shitai n desu ga.
★ *kōkūken* = airline ticket
★ *yoyaku o suru* = reserve

2 12月1日(がつついたち)の羽田(はねだ)発(はつ)、シンガポール行(い)きでお願(ねが)いします。
12gatsu tsuitachi no Haneda hatsu, singapōru iki de onegai-shimasu.

3 何時(なんじ)何分(なんぷん)の便(びん)がありますか。
Nanji nanpun no bin ga arimasu ka?
★ *bin* = flight

4 その次(つぎ)は何時(なんじ)何分(なんぷん)ですか。
Sono tsugi wa nanji nanpun desu ka?

5 予約(よやく)をお願(ねが)いしたいのですが…。
(Ryokōgaisha de) *Yoyaku o onegai-shitai no desu ga.*

6 予算(よさん)は、飲(の)み物(もの)を入(い)れて一人(ひとり)3500円(えん)です。
Yosan wa, nomimono o irete hitori 3500en desu.
★ *yosan* = budjet

7 キャンセル料(りょう)はいつからかかりますか。
Kyanseruryō wa itsu kara kakarimasu ka?
★ *kyanseruryō* = cancellation fee

8 予約(よやく)を変更(へんこう)したいんですが。
Yoyaku o henkō shitai n desu ga.
★ *henkō* = change

9 予約(よやく)をキャンセルしたいんですが。
Yoyaku o kyanseru shitai n desu ga.

15 Requesting

希望を言う kibō o iu

★ You may be surprised, but trains are more convenient than cars, and essential to getting around the big cities in Japan.

☐ 1 **Don't you have a much cheaper one?** ▶ *Motto yasui* ～
•Don't you have ~ → *~wa arimasen ka?*

☐ 2 **Please explain that more clearly.** ▶ *Mōsukoshi* ～
•Please ~ → *~te kudasai / ~te moraemasen ka*

☐ 3 **I'd want pasta to eat.** ▶ ～ *tai desu*

☐ 4 **I'd like a restaurant near here.** ▶ *Narubeku*
•I'd like ~ → *~ga ii/hoshī desu*

☐ 5 **If possible, I'd like you to go with me.** ▶ *Dekireba*
•If possible → *dekireba*

☐ 6 **I'd like to go and see that some time.** ▶ *Ichido*
•I'd like to ~ → *~tai (/te mitai) desu*

☐ 7 **I'm glad we could meet.** ▶ *Aetara*
•I'm glad ~ → *~to/tara ureshī desu*

☐ 8 **I'd like a response by tomorrow please.** ▶ *Ashita made ni*

☐ 9 **I don't want to go anywhere cold.** ▶ *Amari*
•I don't want to ~ → *~takunai desu*

One Point Advice

- 「～たいです」 can be used to tell someone what you want. However, if you are not comfortable being direct about your wants you can use ..... In this way you are describing what you want, by saying that you will be happy if your hope comes true.

1 もっと安(やす)いのはないですか。
Motto yasui no wa nai desu ka?

2 もう少(すこ)しわかりやすく説明(せつめい)してもらえませんか。
Mōsukoshi wakari yasuku setsumei-shite moraemasen ka?

★ *setsumei-shimasu* = explain

3 パスタが食(た)べたいです。
Pasuta ga tabetai desu.

4 なるべく近(ちか)いお店(みせ)がいいです。
Narubeku chikai omise ga ii desu.

5 できれば一緒(いっしょ)に行(い)ってください。
Dekireba issho ni itte kudasai.

★ *issho ni* = together

6 一度(いちど)行(い)ってみたいです。
Ichido itte mitai desu.

★ *ichido* = once, some time

7 会(あ)えたらうれしいです。
Aetara ureshī desu.

★ *ureshī* = be glad

8 明日(あした)までに返事(へんじ)がほしいです。
Ashita made ni henji ga hōshī desu.

9 あまり寒(さむ)いところには行(い)きたくないです。
Amari samui tokoro niwa ikitakunai desu.

Features of the Japanese Spoken Language 2

★ In Japanese conversations, the sentence-final particles **ね** , **よ** , **かな** , etc. appear frequently.

ね is used when the speaker thinks that the listener also already knows the information that he/she is going to tell the listener. (In a casual conversation between men, **な** is sometimes used instead of **ね**.)

よ is used when the speaker is saying something that he/she thinks the listener does not know yet.

Here is an example conversation:

山田（やまだ）「あ、田中（たなか）さん、髪（かみ）、切（き）ったんですね。すてきですね。」

田中（たなか）「変（へん）じゃないですか？　実（じつ）は、この髪形（かみがた）、気（き）に入（い）らないんですよ。切（き）らないほうがよかったんじゃないかな…」

山田（やまだ）「そんなこと、ないですよ。すごく似合（にあ）ってますよ。」

Yamada: Oh, Ms. Tanaka, you had haircut, didn't you? It looks nice.

Tanaka: Isn't it odd? To tell the truth, I don't like this hairstyle. I wonder if not having had a haircut would have been better.

Yamada: I don't think so. It suits you very well.

As shown in the above example, **かな** is the marker of a monologue. Therefore, it can be used in conversations in the polite style as well as in the plain style.

★ Please note that intonation is important, too. For example, **いいですよ** with a rising intonation expresses willing consent; but with a falling intonation expresses declining or refusal.

★ The Japanese language has lots of homonyms, and a different accent sometimes changes the meaning. For example, the phrase **きょうかいにいきます** has the following three meanings depending on the accent:

1) I'm going to church.
2) I'm going to the meeting today.
3) I'm going to buy it today.

PART 3
Grammar

01 N_1 wa N_2 desu./N_1 wa A desu.

～は～です

★There is a lot you can say with just this one simple pattern.

☐ **1 I am Miller. (My name is Miller.)** ▶ *Watashi wa*

☐ **2 This is Mr. Smith.** ▶ *Kochira wa*

☐ **3 Ms. Smith is my friend.** ▶ *tomodachi*

☐ **4 I am a teacher.** ▶ *kyōshi*

☐ **5 How is your mother?** ▶ *okāsan*

☐ **6 She's fine – same as always.** ▶ *aikawarazu*

☐ **7 What is the name of that building?** ▶ *nantoiu*

☐ **8 Oh, that's Roppongi Hills.** ▶ *Aa, are wa*

☐ **9 It's a nice-looking building, isn't it.** ▶ *kireina*

One Point Advice

- When asked a question using the pattern「～は～ですか」, it is more natural if you do not repeat the subject of the sentence in your reply.

1 私はミラーです。
わたし

2 こちらはスミスさんです。

★ *Kochira wa ~desu.*
= This is [person].

3 スミスさんは私の友達です。
わたし　ともだち

4 私は教師です。
わたし　きょうし

5 お母さんはお元気ですか。
かあ　げんき

★ *~wa (o)genki desuka?*
= How is [person]?

6 はい、あいかわらず元気です。
げんき

★ *aikawarazu*
= same as always

7 あれは何というビルですか。
なん

8 ああ、あれは六本木ヒルズです。
ろっぽんぎ

9 きれいなビルですね。

★ *biru, tatemono* = building

02 Like, do not like, be good at, be not good at

好き・嫌い・得意・下手 *suki/kirai/tokui/heta*

す　きら　とくい　へた

★ By the time you finish learning this Unit, you will get to "like" Japanese conversation and be "good" at it.

☐ 1 **I like natto. / I don't like natto.** ▸ *Nattō*
•like ~ → *~ga suki desu*

☐ 2 **I really do / do not like mathematics.** ▸ *daisuki/daikirai*

☐ 3 **I'm good at sport, but no good at studying.** ▸ *~ desu ga…*
•be good/no good at ~ → *~ ga tokui/nigate desu*

☐ 4 **I'm not good at speaking in public.** ▸ *Hitomae de*

☐ 5 **I'm a good cook.** ▸ *Ryōri*

☐ 6 **I'm a fast eater.** ▸ *Tabemasu*

☐ 7 **A brighter color is good.** ▸ *Akarui iro*
•A is good. → *A ga ii desu.*

☐ 8 **You're good at English, aren't you?** ▸ *Eigo*
•be good at ~ → *~ga jōzu desu*

One Point Advice

- When talking about your own strengths, it is better to use「得意(とくい)です」rather than「上手(じょうず)です」.

1 私は納豆が好き／嫌いです。
わたし なっとう す きら
Watashi wa nattō ga suki/kirai desu.

2 私は数学が大好き／大嫌いです。
わたし すうがく だい す だいきら
Watashi wa sūgaku ga daisuki/daikirai desu.
★ *sūgaku* = mathematics

3 スポーツは得意ですが、勉強は苦手です。
とくい べんきょう にがて
Supōtsu wa tokui desu ga, benkyō wa nigate desu.

4 人前で話すのは苦手です。
ひとまえ はな にがて
Hitomae de hanasu no wa nigate desu.
★ *hitomae de* = in public

5 料理は得意です。
りょうり とくい
Ryōri wa tokui desu.
★ *ryōri* = cooking

6 食べるのは早いですよ。
た はや
Taberu nowa, hayai desu yo.
★ *hayai* = fast

7 明るい色がいいです。
あか いろ
Akarui iro ga ii desu.
★ *akarui* = bright

8 英語が（お）上手ですね。
えいご じょうず
Eigo ga ojōzu desu ne.

03 Adjectives

形容詞 keiyōshi

けいようし

★Use lots of adjectives and create more lively conversations.

☐ 1 **It's hot today, isn't it?** ▸ *atsui*
•It's…,isn't it? → *~desu ne.*

☐ 2 **It's very cold today, isn't it?** ▸ *samui*

☐ 3 **The moon was beautiful yesterday.** ▸ *kirei*

☐ 4 **The population in Tokyo is greater than in my country.** ▸ *ōi*
•A is ~er than B. → *A wa B yori ~desu.*

☐ 5 **Which of Miyazaki's animated movies do you like best?** ▸ *omoshiroi*
•Which….best? → *Dore ga ichiban ~ desu ka?*

☐ 6 **Of the ones that I have seen, Totoro was the most interesting.** ▸~ *naka dewa*
•the most ~ → *ichiban ~*

☐ 7 **Which is spicier, Indian or Sri Lankan curry?** ▸ *karai*
•Which is ~er, A or B? → *A to B to, docchi ga ~ desu ka?*

☐ 8 **Indian curry is spicier.** ▸~ *no hōga*

One Point Advice

- In conversation, it is acceptable to omit「～のほう」in the phrase「～のほうが」.

1 今日(きょう)は暑(あつ)いですね。
Kyō wa atsui desu ne.

2 今日(きょう)はすごく寒(さむ)いですね。
Kyō wa sugoku samui desu ne.
★ *sugoku* = awfully

3 昨日(きのう)は、月(つき)がとてもきれいでした。
Kinō wa, tsuki ga totemo kirei deshita.
★ *totemo* = very

4 私(わたし)の国(くに)より東京(とうきょう)のほうが人口(じんこう)が多(おお)いです。
Watashi no kuni yori Tōkyō no hōga jinkō ga ōi desu.
★ *jinkō* = population

5 宮崎(みやざき)アニメの中(なか)で、どれが一番(いちばん)おもしろいですか。
Miyazaki-anime no naka de, dore ga ichiban omoshiroi desu ka?

6 私(わたし)が見(み)た中(なか)では、『トトロ』が一番(いちばん)おもしろかったです。
Watashi ga mita naka dewa, "Totoro" ga ichiban omoshirokatta desu.

7 インドのカレーとスリランカのカレーと、どちらのほうがからいですか。
Indo no karē to Suriranka no karē to, dochira no hōga karai desu ka?
★ *karē* = curry
★ *karai* = hot

8 インドのカレーのほうがからいです。
Indo no karē no hōga karai desu.

04 Expressing existence

ある・いる *aru / iru*

★ These are two basic verbs and should be learned thoroughly.

☐ 1 **There are lots of Japanese-style inns in Kyoto.** ▸ *Kyōto niwa*
•There is/are ~. → *~ga arimasu.*

☐ 2 **Is there a tatami room?** ▸ *Tatami no*

☐ 3 **Is there a post office near here?** ▸ *Kono chikaku*

☐ 4 **Yes, it's next to the convenience store.** ▸ *Hai, ano konbini*
•be next to~ → *~no tonari ni arimasu*

☐ 5 **There is a festival in Kyoto next week.** ▸ *Raishū*

☐ 6 **Do you mind if I ask a question?** ▸ *Ano, chotto*

☐ 7 **Do you have any siblings?** ▸ *kyōdai*
•have a sibling → *kyōdai ga/wa imasu*

☐ 8 **No one is at home right now.** ▸ *Ima*
•no one ~ → *dare mo ~ masen*

One Point Advice

- 「います」is used for animate objects.「あります」is used for inanimate objects.「あります」can also be used for things, plans, questions and events.

1 京都(きょうと)には、和風(わふう)の旅館(りょかん)がたくさんあります。
Kyōto niwa, wafū no ryokan ga takusan arimasu.
★ *wafū* = Japanese style

2 たたみの部屋(へや)がありますか。
Tatami no heya ga arimasu ka?

3 この近(ちか)くに、郵便局(ゆうびんきょく)はありますか。
Kono chikaku ni, yūbinkyoku wa arimasu ka?

4 はい、あのコンビニのとなりにあります。
Hai, ano konbini no tonari ni arimasu.
★ *konbini* = convenience store

5 来週(らいしゅう)、京都(きょうと)でお祭(まつ)りがあります。
Raishū, Kyōto de omatsuri ga arimasu.

6 あのう、ちょっと質問(しつもん)があるんですが。
Anō, chotto shitsumon ga aru n desu ga.
★ "*shitsumon ga aru n desu-ga*" is the roundabout way of saying of "*shitsumon-shite mo ii desu ka*"

7 兄弟(きょうだい)はいますか。
Kyōdai wa imasu ka?
★ *kyōdai* = sibling

8 今(いま)、家(いえ)にはだれもいません。
Ima, ie niwa dare mo imasen.

Want to ~ / Would like to ~

~がほしい／~たい／たがる ~ hoshī/ ~ tai/ ~ tagaru

★Being able to express your desire in Japanese, is an indication that your language skills are improving.

☐ 1 **I want to drink water.** ▸ *Mizu ga*
•want to~ → *~tai (desu)*

☐ 2 **I want to eat lunch soon.** ▸ *Hayaku*

☐ 3 **What do you want to eat?** ▸ *Nani ga ~ ka?*

☐ 4 **I want to create my own company in three years time.** ▸ *San-nen go*

☐ 5 **I think I'd like to be an interpreter in the future.** ▸ *Shōrai*
•would like to~ → *~tai (desu/to omoimasu)*

☐ 6 **I want to try climbing Mt. Fuji.** ▸ *Fujisan ni*
•want to try ~ing → *~temitai (desu)*

☐ 7 **I've been wanting to see that movie for some time now.** ▸ *~ to omotte imashita*
•for some time now → *maekara*

☐ 8 **I want a winter coat.** ▸ *Fuyu no kyōto*

☐ 9 **My younger sister wants to get married soon.** ▸ *Imōto*
•Someone wants to ~ → *~ tagatteimasu*

One Point Advice

- The words「ほしい」、「たべたい」、and「のみたい」take the particle「が」. Other verbs take the particle「を」。 (If the sentence is too long,「のみたい」and「たべたい」may take「を」.「ほしい」and「たい」are used to express your own wants and desires. If you would like to say what someone else wants, you should use「たがる」. These expressions should not be used when talking about your superiors.

CD-1 24

1 水が飲みたいです。
みず　の
Mizu ga nomitai desu.

2 早くお昼を食べたいです。
はや　ひる　た
Hayaku ohiru o tabetai desu.
★ *ohiru* = lunch

3 何が食べたいですか。
なに　た
Nani ga tabetai desu ka?

4 ３年後に自分の会社を作りたいです。
ねんご　じぶん　かいしゃ　つく
e-nengo ni jibun no kaisha o tsukuritai desu.
★ *jibun no* = one's own

5 将来は通訳になりたいと思っています。
しょうらい　つうやく　おも
Shōrai wa tsūyaku ni naritai to omotteimasu.
★ *shōrai(wa)* = in the future

6 富士山に登ってみたいです。
ふじさん　のぼ
Fujisan ni nobotte mitai desu.
★ *noboru* = climb

7 前からこの映画を見たいと思っていました。
まえ　えいが　み　おも
Maekara kono eiga o mitai to omotteimashita.

8 冬のコートがほしいです。
ふゆ
Fuyu no kōto ga hoshī desu.
★ *kōto* = coat

9 妹は早く結婚したがっています。
いもうと　はや　けっこん
Imōto wa hayaku kekkon-shitagatte imasu.
★ *kekkon-shimasu* =get married

06 Qualifying nouns

連体修飾節 rentai shūshoku setsu

れんたいしゅうしょくせつ

★Modifiers enable two sentences to be turned into one. Think of them as a kind of conjunction.

☐ 1 **This is the shirt I bought in Hawaii last year.** ▶ *Kore wa*

☐ 2 **I lost the umbrella that I just bought yesterday.** ▶ *~ te shimaimashita*

• just bought → *katta bakari*

☐ 3 **The hotel I stayed in yesterday was not bad.** ▶ *Kinō tomatta*

☐ 4 **The restaurant I went to the other day was much better than the one I went to today.** ▶ *Kyō itta*

• much better → *zutto ii*

☐ 5 **This is the temple which was built about 800 years ago.** ▶ *Happyaku-nen-mae*

☐ 6 **I'd like to introduce my friend who is working for a Japanese trading company.** ▶ *Nihon no*

• work for~ → *~ni tsutomemasu*

☐ 7 **The man wearing glasses is Tim.** ▶ *megane o kaketeiru*

• wear glasses → megane *o kakemasu*

☐ 8 **Who were you talking to a little while ago?** ▶ *~ wa dare desu ka*

• a little while ago → *sakki*

One Point Advice

- In English the tense is consistent throughout the sentence. E.g. I knocked on the door, before I opened it. However in Japanese, the two parts are independent of each other.

1 これは去年(きょねん)ハワイで買(か)ったシャツです。
Kore wa kyonen Hawai de katta shatsu desu.

2 昨日(きのう)買(か)ったばかりのかさを失(な)くしてしまいました。
Kinō katta bakari no kasa o nakushite shimaimashita.
★ *nakushimasu* = lose

3 昨日(きのう)泊(と)まったホテルはまあまあよかったです。
Kinō tomatta hoteru wa māmā yokatta desu.
★ *tomarimasu* = stay in
★ *māmā* = fairly

4 今日(きょう)行(い)った店(みせ)よりこの前(まえ)行(い)った店(みせ)のほうがずっとよかったです。
Kyō itta mise yori kono mae itta mise no hō ga zutto yokatta desu.
★ *zutto ii* = much better

5 これは約(やく) 800 年前(ねんまえ)に建(た)てられたお寺(てら)です。
Kore wa yaku 800-nen-mae ni taterareta o-tera desu.
★ *yaku* = about
★ *(o)tera* = temple

6 日本(にほん)の貿易会社(ぼうえきがいしゃ)に勤(つと)めている友達(ともだち)を紹介(しょうかい)します。
Nihon no bōeki-gaisha ni tsutomete iru tomodachi o shōkai shimasu.
★ *bōeki* = trade

7 あのめがねをかけている男性(だんせい)がティムです。
Ano megane o kaketeiru dansei ga Teimu desu.
★ *dansei* = man, male

8 さっき話(はな)していた人(ひと)は誰(だれ)ですか。
Sakki hanashite ita hito wa dare desu ka?

~te kudasai / ~ naide kudasai

てください／ないでください

★Using this grammar will enable you to really interact with Japanese speakers.

☐ 1 **Please go (on) ahead.** ▸ *Sakini*

☐ 2 **Would you please fill in your email address here?** ▸ *Koko ni*
- Would you please ~? → *~te itadakemasen ka?*
- fill in → *kakimasu / kinyū-shimasu*

☐ 3 **Please turn right at the next intersection.** ▸ *Tsugi no*
- turn right → *migi ni magarimasu*

☐ 4 **Please wait here a moment.** ▸ *Koko de*
- (just) a moment → *chotto*

☐ 5 **It's dangerous, so please take care.** ▸ *Abunai*

☐ 6 **Please don't throw this away.** ▸ *sutemasu*
- Please don't ~ → *~naide kudasai*

☐ 7 **Please don't open it yet.** ▸ *akemasu*
- not yet ~ → *mada ~nai*

☐ 8 **Please don't go out of your way to do this.** ▸ *Muri o*
- go out of one's way → *muri o shimasu*

One Point Advice

- The phrases「～てください」and「ないでください」are considered to be polite and neutral. They are often used in office situations as requests or orders. To be more polite use the expressions「～ていただけますか／ないでいただけますか」.

1 先に行ってください。
Sakini itte kudasai.
★ *sakini* = before me, ahead

2 ここにメールアドレスを書いていただけませんか。
Koko ni mēruadoresu o kaite itadakemasen ka?

3 次の交差点を右に曲がってください。
Tsugi no kōsaten o migi ni magatte kudasai.
★ *kōsaten* = crossing

4 ここでちょっと待っていてください。
Koko de chotto matte ite kudasai.

5 危ないから気をつけてください。
Abunai kara ki o tsukete kudasai.
★ *abunai* = dangerous
★ *ki o tsukemasu* = be careful

6 これは捨てないでください。
Kore wa sutenaide kudasai.
★ *sutemasu* = throw away

7 まだ開けないでください。
Mada akenaide kudasai.
★ *akemasu* = open

9 無理をしないでください。
Muri o shinaide kudasai.
★ *muri o shimasu* = overwork oneself

~masen ka / ~masen? / ~mashō ka / ~mashō yo
～ませんか / ～ましょうか

★ Language for suggesting and inviting.
Learn it well.

☐ 1	**Would you like to come with me to Akihabara next time?**	▶ *Kondo issho ni*
☐ 2	**That luggage looks heavy. Can I help you carry it?**	▶ *Nimotsu*
☐ 3	**Shall we go home soon?** **– Yes, let's head home shortly.**	▶ *Sorosoro* ▶ *Ē, ～*
☐ 4	**Would you like to think about heading home soon? – Hmm ..., well....**	▶ *Sorosoro* ▶ *Un, ～*
☐ 5	**Let's do some more of this tomorrow.**	▶ *Tsuzuki*
☐ 6	**Would you like some of this? It's good.**	▶ *tabemasu*
☐ 7	**Since this restaurant is crowded, shall we try somewhere else?**	▶ *Kondeiru kara*
☐ 8	**Let's call the restaurant and find out.**	▶ *Omise ni*

One Point Advice

- 「～ませんか」 is generally used as an invitation. 「～ましょうか」 is a suggestion, and is looking for agreement from the listener; or is an offer to help someone. The nuance can change depending on the intonation. You can drop the か and just use a rising intonation.

1 今度(こんど)、一緒(いっしょ)に秋葉原(あきはばら)に行(い)きませんか。
Kondo issho ni Akihabara ni ikimasen ka?
★ *kondo* = next time

2 荷物(にもつ)、重(おも)そうですね。持(も)ちましょうか。
Nimotsu, omosō desu ne. Mochimashō ka?
★ *Omoi* = heavy

3 そろそろ帰(かえ)りましょうか↘。
——ええ、そうしましょう。
Sorosoro kaerimashō ka. — Ē, sō shimashō.
★ *sorosoro* = before long

4 そろそろ帰(かえ)りませんか↘。
——うーん、そうですねえ……。
Sorosoro kaerimasenka. —Ūn, sō desu nē…

5 続(つづ)きは明日(あした)にしましょうか。
Tsuzuki wa ashita ni shimashō ka.
★ *tsuzuki* = the continued /remaind remaining part

6 これ食(た)べません？　おいしいですよ。
Kore tabemasen? Oishī desu yo.

7 込(こ)んで(い)るから別(べつ)の店(みせ)にしませんか。
Konde(i)ru kara betsu no mise ni shimasen ka?
★ *komimasu* = to be crowded

8 お店(みせ)に電話(でんわ)して聞(き)いてみましょうよ。
Omise ni denwa-shite mimashō yo.

09 The verb "to wear"

着脱動詞 *chakudatsu dōshi*

ちゃくだつどうし

★ Why does Japanese have so many ways to say "to wear"? All is explained here.

☐ 1 **It's cold, so I am going to put on a sweater. / It's hot, so I am going to take off my sweater.** ▶ *Samui kara/Atsui kara*

• wear a sweater → *seetaa o kimasu*
• take off~ → *~o nugimasu*

☐ 2 **On a cold day, I wear leggings under my skirt.** ▶ *Samui hi*

• leggings → *sutokkingu*

☐ 3 **It will be hot today, (Lit. The sun is strong today), so you had better wear a hat.** ▶ *Kyō wa hizashi ga*

• wear a hat → *bōshi o kaburimasu*
• had better ~ → *~ta hō ga ii*

☐ 4 **Do I need to take off my shoes to go inside? No, you can keep them on.** ▶ *Naka ni*

keep ~ on → *kita mama ni shimasu(de imasu)*

☐ 5 **It's cold, so you'll need gloves and a scarf.** ▶ *Samui kara*

• scarf → *mafuraa*

☐ 6 **Do you always wear glasses? No, I take them off at home.** ▶ *Itsumo*

• wear glasses → *megane o kakemasu*
• take off glasses → *megane o hazushimasu*

☐ 7 **I'm wearing contact lenses at the moment.** ▶ *Ima wa*

• wear contact lenses → *kontakuto o tsukemasu*

☐ 8 **Sakura, do you wear earrings? Yes, sometimes.** ▶ *tokidoki*

• wear earings → *iyaringu o tsukemasu*

One Point Advice

- The verb "to wear" changes depending upon what is being worn. Items put on over the head use「着(き)る」. Items that go on from the bottom (e.g. shoes, trousers) use「はく」. To wear a hat is「かぶる」. To wear glasses is「かける」. To put on accessories is「する」.

CD-1

1 寒(さむ)いからセーターを着(き)ます。／暑(あつ)いからセーターを脱(ぬ)ぎました。

Samui kara sētā o kimasu./Atsui kara sētā o nugimashita.

2 寒(さむ)い日(ひ)は、ストッキングをはいた上(うえ)にスカートをはきます。

Samui hi wa, sutokkingu o haita ue ni sukāto o hakimasu. ★ *sukāto* = skirt

3 今日(きょう)は日差(ひざ)しが強(つよ)いから、帽子(ぼうし)をかぶったほうがいいですよ。

★ *hizashi* = sunlight
★ *tsuyoi* = strong

Kyō wa hizashi ga tsuyoi kara, bōshi o kabutta hōga ii desu yo.

4 中(なか)に入(はい)る時(とき)、靴(くつ)を脱(ぬ)ぎますか。
——いえ、はいたままで結構(けっこう)です。

★ *naka ni hairimasu* = go in/inside

Naka ni hairu toki, kutsu o nugimasu ka?—Ie, haita mama de kekkō desu.

5 寒(さむ)いから手袋(てぶくろ)やマフラーをしたほうがいいですよ。

★ *tebukuro* = gloves

Sami kara tebukuro ya mafurā o shita hōga ii desu yo.

6 いつも眼鏡(めがね)をかけているんですか。
——いえ、家(いえ)でははずします。

★ *hazushimasu* = take off

Itsumo megane o kakete iru n desu ka?—Ie, ie dewa hazushimasu.

7 今(いま)はコンタクト（レンズ）をつけています。

Ima wa kontakuto (renzu) o tsukete imasu.

8 さくらさんはイヤリングをつけますか。——ええ、ときどき。

Sakura-san wa iyaringu o tsukemasu ka?—Ē, tokidoki.

10 ~teiru

V ている（継続(けいぞく)、状態(じょうたい)）

★ The form may look familiar, but it is describing a different state.

☐ 1 **It's still raining.** ▸ *Mada*

☐ 2 **There's a sale on now at Sakura Department store.** ▸ *Ima, sakura-depato de*

☐ 3 **The bath is ready, so why don't you go and get in.** ▸ *Ofuro*
• Why don't you~ → *~tara?*

☐ 4 **I know that because I heard it from a friend.** ▸ *~ ni kite*

☐ 5 **What are you doing there?** ▸ *nani o ~ ka?*
• there → *sokode*

☐ 6 **What do you do for a living? / What is your job?** ▸ *nan desu ka*
• for a living → *(o)shigoto wa ...*

☐ 7 **I'm an English teacher.** ▸ *Eigo no kyōshi*

☐ 8 **Quick, the train is here.** ▸ *A, densha*

One Point Advice

- In 3, the speaker actually prepared the bath for the listener (perhaps her husband), but she speaks as if the bath prepared itself, using the expression with the intransitive verb「わいている」. This phenomenon is often observed in Japanese conversations.
- 「V ている」in 1, 5, 6 expresses that an action is going on. In 2-4 a continuous state is described.

1 まだ雨(あめ)が降(ふ)っています。
Mada ame ga futte imasu.
★ *mada* = still

---

2 今(いま)、さくらデパートでセールをしています。
Ima, Sakura-depāto de sēru o shite imasu.

---

3 お風呂(ふろ)がわいているから、入(はい)ったら？
Ofuro ga waiteiru kara, haittara?
★ *ofuro* = bath
★ *waku* = ready (← boil)

---

4 友達(ともだち)に聞(き)いて、知(し)っています。
Tomodachi ni kīte, shitte imasu.

---

5 そこで何(なに)をしているんですか／そこで何(なに)をしてるの？
Soko de nani o shite iru n desu ka? / Soko de nani o shiteru no?

---

6 お仕事(しごと)は何(なに)をしているんですか。
／お仕事(しごと)はなんですか。
Oshigoto wa nani o shite iru n desu ka? / Oshigoto wa nan desu ka?
★ *shigoto* = job

---

7 英語(えいご)の教師(きょうし)をしています。／英語(えいご)の教師(きょうし)です。
Eigo no kyōshi o shite imasu. / Eigo no kyōshi desu.

---

8 あ、電車(でんしゃ)が来(き)て(い)る。急(いそ)いで。
A, densha ga kite(i)ru. Isoide.
★ *isogu* = hurry, be quick

11 ~te kara / ~ta ato/ ~tara

V てから / V た後(あと)

★ The TE form and TA form of verbs have multiple uses and applications.

☐ 1 **I'll be there after I've been to the ATM.** ▸ *~ ni yotte*
• ~after … → *…te kara ~ / …ta ato(ni/de) ~*

☐ 2 **I'll go out after I take a shower.** ▸ *Shawā o*
• go out → *dekakemasu / gaishutsu-shimasu*

☐ 3 **Please check in at reception before you come in.** ▸ *Uketsuke o*

☐ 4 **You should not apply until after you have thought about it carefully.** ▸ *Yoku kangaete*

☐ 5 **Please take this after meals.** ▸ *~ nonde kudasai*

☐ 6 **I remembered after I had hung up the phone.** ▸ *Denwa o*

☐ 7 **It seems that it is OK to pay for the new goods after you have received them.** ▸ *Shinamono o*
• It seems ~ → *sō desu*

☐ 8 **Please email me after you get home.** ▸ *Ie ni tsuitara*
• ~ after … → *…tara ~*

One Point Advice

- The three phrases「～てから」、「～た後」and「たら」indicate a sequence of actions.「～てから」「～た後」place the focus on the order of events.「たら」places the emphasis on the second action.

1 ATMに寄ってから行きます。
ATM ni yotte kara ikimasu.
★ *yorimasu* = drop in at

2 シャワーを浴びてから出かけます。
Shawā o abite kara dekakemasu.
★ *[shawā o] abimasu* = take [a shower]

3 受付をしてからお入りください。
Uketsuke o shite kara ohairi kudasai.
★ *uketsuke* = reception

4 よく考えてから申し込んだほうがいいですよ。
Yoku kangaete kara mōshikonda hō ga ii desu yo.
★ *mōshikomimasu* = apply

5 これは食事のあとに飲んでください。
Kore wa shokuji no ato ni nonde kudasai.

6 電話を切ったあと、思い出しました。
Denwa o kitta ato, omoidashimashita.
★ *[denwa o] kirimasu* = hung up [the phone]

7 品物を受け取ったあと、支払いをするそうです。
Shinamono o uketotta ato, shiharai o suru sō desu.
★ *shiharai* = payment

8 家に着いたらメールして。
Ie ni tsuitara mēru-shite.

12 ~te shimau / ~chau

Vてしまう

★ One characteristic of the Japanese language is that feelings can be expressed through sentence patterns. You do not need specific phrases for expressing emotion.

☐ **1** **Ah, have you finished drinking already?** ▸ *Are?*
• Have you ~(p.p.) already? → *mō ~ta ka?*

☐ **2** **It's a waste to leave some, so let's eat it all.** ▸ *Nokosu to*

☐ **3** **So, can I make the reservation?** ▸ *Ja, ~ ka?*
• make a reservation → *yoyaku-shimasu*

☐ **4** **So why don't you resign from that job?** ▸ *Sonna shigoto*
• why don't you ~? → *~masen ka?*

☐ **5** **Sorry, I completely forgot all about that.** ▸ *Sumimasen, ukkari ~*

☐ **6** **If you don't hurry, you won't meet the deadline.** • If you don't~, ... → *~nai to, ...* ▸ *Isoganai to*

☐ **7** **What! Did you say that to her?!** ▸ *E? Anokoto*

☐ **8** **She got mad when she heard that.** ▸ *Sore o kīte*
• get mad → *okorimasu*

One Point Advice

- The colloquial contracted form of「〜てしまった」is「〜ちゃった」.

1 あれっ、もう全部(ぜんぶ)飲(の)んじゃったの？
Are? Mō zenbu nonjatta no?

2 残(のこ)すともったいないから、全部(ぜんぶ)食(た)べてしまいましょう。
Nokosu to mottainai kara, zenbu tabete shimaimashō.
★ *mottainai* = wasteful

3 じゃ、予約(よやく)しちゃっていいですか。
Ja, yoyaku-shichatte ii desu ka?

4 そんな仕事(しごと)、やめてしまえば？
Sonna shigoto, yamete-shimaeba?
★ *yamemasu* = resign from

5 すみません、うっかり忘(わす)れてしまったんです。
Sumimasen, ukkari wasurete shimatta n desu.
★ ukkari = carelessly

6 急(いそ)がないと、締切(しめきり)に遅(おく)れてしまいます。
Isoganai to, shimekiri ni okurete shimaimasu.
★ *shimekiri* = deadline

7 えっ⁉　あのこと、彼女(かのじょ)に言(い)っちゃったの⁉
E?　Ano koto, kanojo ni ichatta no!?

8 それを聞(き)いて、彼女(かのじょ)、怒(おこ)っちゃったんです。
Sore o kīte, kanojo, okochatta n desu.

13 ~ta mama, ~ppanashi

V たまま、~っぱなし

★ You'll sound like a much better speaker of Japanese if you include some of these expressions in your language.

☐ 1 **You must not walk on the tatami in your slippers.** ▸ *haita mama*
• must not~ → *~te wa ikemasen*

☐ 2 **Don't leave it like that. Please tidy up.** ▸ *Tukatta mama*
• Don't ~. → *~naide (kudasai).*

☐ 3 **I participated without knowing what I was doing.** ▸ *Yoku*
• without ~ → *~nai de / ~nai mama*

☐ 4 **He went home without saying a word (not even goodbye).** ▸ *nani mo ~*

☐ 5 **The timing just didn't work out, so I couldn't see my dad.** ▸ *Taimingu ga awazu*

☐ 6 **Please leave it just like that.** ▸ *sonomama*
• leave A ~ = *A o ~ ni shiteokimasu*

☐ 7 **The water is running. (It has to be stopped.)** ▸ *dashippanashi*

☐ 8 **Oh, the window is open. (It should be closed.)** ▸ *akeppanashi*

One Point Advice

- 「V たまま」 is used when the speaker wants to focus on the fact that the situation being described is still continuing.
- 「V っぱなし」 describes a situation when an action should have taken place, but has not, and this is causing a problem.

1 スリッパをはいたままタタミの部屋（へや）に入（はい）ってはいけません。
Surippa o haita mama tatami no heya ni haitte wa ikemasen.

2 使（つか）ったままにしないで、片（かた）づけてください。
Tsukatta mama ni shinaide, katazukete kudasai.
★ *katazukemasu* = tide up

3 よくわからないまま、参加（さんか）しました。
Yoku wakaranai mama, sanka shimashita.
★ *sanka-shimasu* = participate

4 彼（かれ）は何（なに）も言（い）わないまま、帰（かえ）ってしまいました。
Kare wa nani mo iwanai mama, kaette shimaimashita.

5 タイミングが合（あ）わず、結局（けっきょく）、父（ちち）とは会（あ）えないままでした。
Taimingu ga awazu, kekkyoku, chichi towa aenai mama deshita.
★ *kekkyoku* = finally

6 そこは、そのままにしておいてください。
Soko wa, sonomama ni shite oite kudasai.
★ *sono mama* = just like that

7 水（みず）が出（だ）しっぱなしですよ。
Mizu ga dashippanashi desu yo.
★ *~ppanashi* = leave ~ing

8 あれ？　窓（まど）が開（あ）けっぱなしになっている。
Are? Mado ga akeppanashi ni natte iru.

~nagara、~shi(~shi)
Vながら、Vし

★ Here you learn how to describe more than one action or reason.

☐ 1 **I always listen to music when I study.** ▸ *Itsumo*

☐ 2 **If I lie down to read, I soon get sleepy.** ▸ *Ne-nagara*
•get sleepy → *nemuku narimasu*

☐ 3 **Please pull it as you turn it to the right.** ▸ *Migi ni*
•pull → *hikimasu*

☐ 4 **It's dangerous to use your smart phone while walking.** ▸ *Sumaho o*

☐ 5 **I'm painting some pictures at the same time as running the company.** ▸ *Kaisha o*

☐ 6 **It's close to the station and cheap; I think this hotel will be fine.** ▸ *Eki kara*
•close to~ → *~ni / kara chikai*

☐ 7 **I'm busy and don't have any money, so I won't go this time.** ▸ *Isogashii shi*

☐ 8 **I run every morning, and go to the gym on Saturdays, so I shouldn't be out of shape.** ▸ *Maiasa hashit-teru shi*
•shouldn't be~ → *~hazu wa nai / dewa nai hazu*

One Point Advice

- In 4, the main verb in English is in a different place from the Japanese. This is more natural in Japanese.

1 いつも音楽(おんがく)を聴(き)きながら勉強(べんきょう)します。
Itsumo ongaku o kiki-nagara benkyō shimasu.

2 寝(ね)ながら本(ほん)を読(よ)むと、すぐ眠(ねむ)くなります。
Ne-nagara hon o yomu to, sugu nemuku narimasu.

3 右(みぎ)に回(まわ)しながら、引(ひ)いてください。
Migi ni mawashi-nagara, hiite kudasai.

★ *migi ni mawashi-masu* = turn right

4 スマホを見(み)ながら歩(ある)くと危(あぶ)ないですよ。
Sumaho o mi-nagara aruku to abunai desu yo.

★ *abunai* = dangerous

5 会社(かいしゃ)を経営(けいえい)しながら、絵(え)もかいているんです。
Kaisha o keiei shi-nagara, e mo kaite iru n desu.

★ *keiei-shimasu* = run

6 駅(えき)から近(ちか)いし、そんなに高(たか)くないし、このホテルでいいと思(おも)います。
Eki kara chikai shi, sonnani takaku nai shi, kono hoteru de ii to omoimasu.

7 忙(いそが)しいし、お金(かね)もないから、今回(こんかい)は行(い)きません。
Isogashii shi, o-kane mo nai kara, konkai wa ikimasen.

★ konkai(wa) = this time

8 毎朝走(まいあさはし)ってるし、土曜日(どようび)もジムに行(い)って(い)るから、運動不足(うんどうぶそく)ではないはずです。
Maiasa hashitteru shi, doyōbi mo jimu ni itteru kara, undō-busoku dewa nai hazu desu.

★ *undō busoku* = be out of shape

~te mo ii / ~naide kudasai / ~te wa ikemasen

～てもいい / ～ないでください / ～てはいけません

★ Here you learn how to grant and refuse permission.

☐ 1 **May I come in? — No, you may not come in here.** ▸ *Naka ni*
• May I~? → *~ te mo ii desu ka?*

☐ 2 **May I eat my lunch here? — Yes, that's OK.** ▸ *Koko de*

☐ 3 **May I come late? — No, if you are late, you won't be allowed in.** ▸ *Okurete*
• come in late → *okurete ikimasu*

☐ 4 **May I borrow your dictionary? — Just a moment, I'm using it.** ▸ *Jisho*

☐ 5 **This is clean, so there is no need to wash it.** ▸ *Kore wa*
• no need to~ → *~nakute mo ii desu*

☐ 6 **I don't need a response today. Tomorrow will be fine.** ▸ *Henji*

☐ 7 **Please don't worry so much.** ▸ *Sonnani*
• Please don't~ → *~naide kudasai*

☐ 8 **It will get in the way, so please don't leave it here.** ▸ *Jama ni*
• get in the way → *jama ni narimasu*

One Point Advice

- 「ては」changes to「ちゃ」in a very casual conversation.

1 中に入ってもいいですか。——いえ、ここに入ってはいけません。
Naka ni haitte mo ii desu ka? —Ie, koko ni haitte wa ikemasen.

★ *naka ni hairimasu* = go in/inside

2 ここでお昼を食べてもいいですか。—— いいですよ。
Koko de o-bentō o tabete mo ii desu ka?—Ii desu yo.

3 遅れて行ってもいいですか。——いえ、遅れたら、入れませんよ。
Okurete itte mo ii desu ka?—Ie, okuretara, hairemasen yo.

4 辞書、借りてもいい？——ちょっと待って。今使ってるから。
Jisho, karite mo ii?—Chotto matte. Ima tsukatteru kara.

★ *chotto matte (kudasai)* = just a moment

5 これはきれいだから、洗わなくてもいいです。
Kore wa kireida kara, arawanakute mo ii desu.

6 返事は今日でなくてもいいです。明日でいいですよ。
Henji wa kyō de nakute mo ii desu. Ashita de ii desu yo.

7 そんなに心配しないでください。
Sonnani shinpai-shinaide kudasai.

8 邪魔になるから、ここに置かないでください。
Jama ni naru kara, koko ni okanaide kudasai.

16 ~ta koto ga arimasu

V たことがあります

★ If you live in Japan, you'll often ask and answer questions using this grammar point.

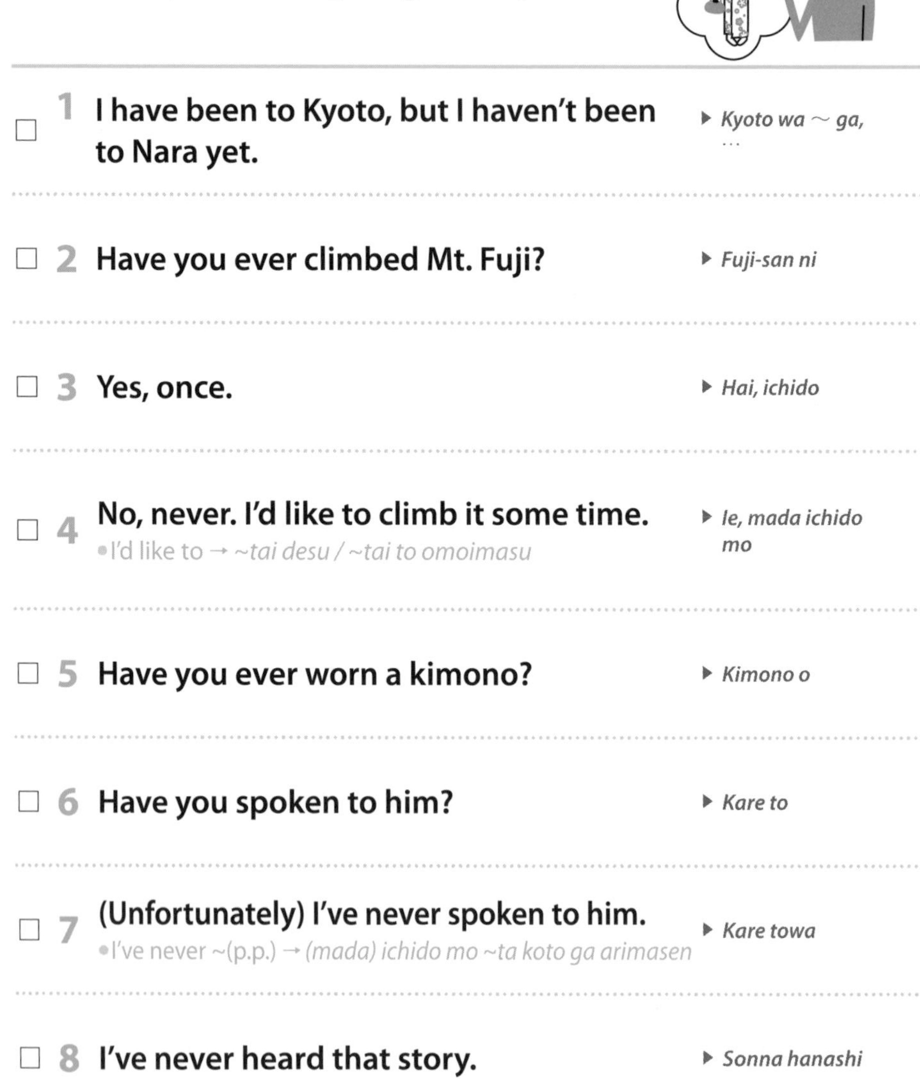

☐ **1 I have been to Kyoto, but I haven't been to Nara yet.** ▸ *Kyoto wa ～ ga, …*

☐ **2 Have you ever climbed Mt. Fuji?** ▸ *Fuji-san ni*

☐ **3 Yes, once.** ▸ *Hai, ichido*

☐ **4 No, never. I'd like to climb it some time.** ▸ *Ie, mada ichido mo*
• I'd like to → *~tai desu / ~tai to omoimasu*

☐ **5 Have you ever worn a kimono?** ▸ *Kimono o*

☐ **6 Have you spoken to him?** ▸ *Kare to*

☐ **7 (Unfortunately) I've never spoken to him.** ▸ *Kare towa*
• I've never ~(p.p.) → *(mada) ichido mo ~ta koto ga arimasen*

☐ **8 I've never heard that story.** ▸ *Sonna hanashi*

One Point Advice

- The phrases「～たことがあります／ありません」indicate some kind of experience.

1 京都(きょうと)は行(い)ったことがありますが、奈良(なら)はまだありません。
Kyōto wa itta koto ga arimasu ga, Nara wa mada arimasen.

2 富士山(ふじさん)に登(のぼ)ったことがありますか。
Fuji-san ni nobotta koto ga arimasu ka?
★ *noborimasu* = climb

3 はい、一度(いちど)あります。
Hai, ichido arimasu.
★ *ichido* = once

4 いいえ、まだ一度(いちど)もありません。いつか登(のぼ)ってみたいと思(おも)います。
Ie, mada ichido mo arimasen. Itsuka nobotte-mitai to omoimasu.
★ *itsuka* = someday
★ *~te mimasu* = try to ~

5 着物(きもの)を着(き)たことがありますか。
Kimono o kita koto ga arimasu ka?

6 彼(かれ)と話(はな)したことがありますか。
Kare to hanashita koto ga arimasu ka?

7 〈残念(ざんねん)ですが〉彼(かれ)とはまだ一度(いちど)も話(はな)したことがないんです。
Kare towa mada ichido mo hanashita koto ga nai n desu.

8 そんな話(はなし)、聞(き)いたことがありません。
Sonna hanashi, kīta koto ga arimasen.
★ *sonna* = such, that

17 potential, perceptual, sensual

可能表現(かのうひょうげん) *kanōhyōgen*

★ Use the potential form of the verb to describe what you can and can't do.

☐ 1 **Can you eat this raw?**
• eat ~ raw → *nama de tabemasu*
▸ *Kore wa*

☐ 2 **Where can I buy a ticket?**
• Where can I → *Dokode ~dekimasu ka?*
▸ *Chiketto*

☐ 3 **Can you walk to the zoo from here?**
▸ *Dōbutsuen made*

☐ 4 **Can you speak English?**
▸ *Eigo ga*

☐ 5 **Can you write English?**
▸ *Eigo de*

☐ 6 **Do you understand English?**
• Do you understand~? → *~ ga wakarimasu ka?*
▸ *Eigo ga*

☐ 7 **Can you see Mt. Fuji from this hotel?**
▸ *Kono hoteru kara*

☐ 8 (On the phone.) **I'm sorry, I can't hear you very well.**
• can't hear → *~ kikoemasen*
▸ *Sumimasen, yoku*

☐ 9 **Do you know where the Ghibli museum is? — No, I don't know.**
• Do you know → *shitte imasu ka*
▸ *doko ni ~ ka?*

One Point Advice

- The potential form of the verb and sensory verbs take the particle「が」。In response to the question「知(し)っていますか」. The affirmative answer is「はい、知(し)っています」. The negative answer is「いいえ、知(し)りません」.

1 これは生(なま)で食(た)べられますか。
Kore wa nama de taberaremasu ka?

2 チケットはどこで買(か)えますか。
Chiketto wa doko de kaemasu ka?

3 動物園(どうぶつえん)まで歩(ある)いて行(い)けますか。
Dōbutsuen made aruite ikemasu ka?

★ *dōbutsuen* = zoo

4 英語(えいご)が話(はな)せますか。
Eigo ga hanasemasu ka?

5 英語(えいご)で書(か)くことができますか。
Eigo de kaku koto ga dekimasu ka?

6 英語(えいご)がわかりますか。
Eigo ga wakarimasu ka?

7 このホテルから富士山(ふじさん)が見(み)えますか。
Kono hoteru kara, Fujisan ga miemasu ka?

8 〈電話(でんわ)で〉すみません、よく聞(き)こえないんですが。
(Denwa de) Sumimasen, yoku kikoenain desu ga.

9 ジブリ美術館(びじゅつかん)がどこにあるか、知(し)っていますか。——いえ、知(し)りません。
Jiburi-bijutsukan ga doko ni aru ka, shitte imasu ka? — Ie, shirimasen.

★ *bijutsukan* = museum

18 Interrogatives

疑問詞 *gimonshi*

ぎもんし

★ Question words such as the 5W1H also exist in Japanese.

☐ 1 **Where shall we go on our trip?** ▶ *ryokō*
• Where shall we…? → *Dokoni … V-shō (ka).*

☐ 2 **What kind of place is Fukuoka?** ▶ *Fukuoka wa*
• What kind of ~ → *donna ~*

☐ 3 **What dates does the festival start and finish?** ▶ *~ kara ~ made*
• What dates → *nannichi*

☐ 4 **What's interesting?** ▶ *omoshiroi*
• What's …? → *Nani ga …ka?*

☐ 5 **I'm in trouble. What shall we do?** ▶ *Komatta naa*
• about "way" of something → often use "dō"

☐ 6 **Which one is the cheapest?** ▶ *yasui*
• Which one is…? → *Dore ga …ka?*

☐ 7 **Please decide when you will do it.** ▶ *kimete kudasai*
• [when one ~] → *[itsu ~ ka]*

☐ 8 **Whatever(/Whoever/Wherever/Whenever) is fine.** ▶ *ii desu*
• "-ever" → "*-demo*"

One Point Advice

- When a question is included in the subordinate clause, such as in 7, note that the particle「か」is required.

1 どこに旅行(りょこう)に行(い)きましょう(か)。 ★ *ryokō* = travel
Doko ni ryokō ni ikimashō (ka).

2 福岡(ふくおか)は、どんな街(まち)ですか。 ★ *machi* = town
Fukuoka wa, donna machi desu ka?

3 お祭(まつ)りは何日(なんにち)から何日(なんにち)までですか。 ★ *(o)matsuri* = festival
Omatsuri wa nannichi kara nannichi made desu ka?

4 何(なに)が面白(おもしろ)いですか。 ★ *omoshiroi* = interesting
Nani ga omoshiroi desu ka?

5 困(こま)ったなあ。どうしましょう。
Komatta nā. Dōshimashō.

6 どれが一番(いちばん)安(やす)いですか。 ★ *yasui* = cheap
Dore ga ichiban yasui desu ka?

7 いつにするか決(き)めてください。 ★ *kimeru* = decide
Itsu ni suru ka kimete kudasai.

8 何(なん)(／だれ／どこ／いつ)でもいいです。
Nan(/dare/doko/itsu)demo ii desu.

19 ~te okimasu / ~te arimasu / ~te imasu
～ておきます / ～てあります / ～ています

★ Take note of the Japanese attitudes included in these expressions.

☐ 1 **Please get ready for the party.** ▶ *Pāthi no junbi*
• prepare for~ → *~ no junbi o shimasu*

☐ 2 **I have already made a reservation at the restaurant.** ▶ *Mise wa mō*

☐ 3 **(Regarding attending the party), I'll ask her about it.** ▶ *Ja, kanojo nimo*

☐ 4 **Did you buy some beer? / Have you bought the beer?** ▶ *Biru*

☐ 5 **Let's chill the drinks.** ▶ *Nomimono*

☐ 6 **There's something here. What is it?** ▶ *Koko ni nani ka*

☐ 7 **Everyone is here (now).** ▶ *Mō*

☐ 8 **The food is ready, we can start whenever you are ready.** ▶ *itsudemo*

One Point Advice

- 「Vてある」and「Vておく」both express that someone does the action (V). But,「Vてある」focuses on the results of the action, whereas「Vておく」clearly points to the action maker.
- 「Vておく」expresses that someone does something (V) in preparation for the near or far future.
- 「悪(わる)いけど」is the an expression that meaning "Sorry," which is often used in casual conversation.

1 パーティーの準備(じゅんび)をしておいてください。
Pātī no junbi o shite oite kudasai.

2 店(みせ)はもう予約(よやく)してあります。
Mise wa mō yoyaku shite arimasu.
★ *yoyaku-shimasu* = reserve

3 〈パーティーの参加(さんか)〉じゃ、彼女(かのじょ)にも聞(き)いておきますね。
(Pātī no sanka) Ja, kanojo nimo kiite okimasu.
★ *sanka* = participation

4 ビールは買(か)ってありますか。
Bīru wa katte arimasu ka?

5 飲(の)み物(もの)を冷(ひ)やしておきましょう。
Nomimono o hiyashite okimashō.
★ *hiyashimasu* = chill

6 ここに何(なに)か置(お)いてあるけど、これ何(なに)？
Koko ni nani ka oite aru kedo, kore nani?

7 もうみんな集(あつ)まっています。
Mō minna atsumatte imasu.

8 料理(りょうり)はもうできているから、いつでも始(はじ)められます。
Ryōri wa mō dekite iru kara, itsudemo hajime-raremasu.
★ *dekite imasu* = be ready for
★ *hajimemasu* = start, begin

20 ~yō (to omou)/ ~tai to omou

~ようと思う / ~たいと思う

☐ 1 OK, now let's try harder next time. ▸ *Yoshi*

☐ 2 The desire to learn is important. ▸ *~ ga taisetsu desu*

☐ 3 I'm thinking I'll go to Kyoto next month. ▸ *Kyōto e ikō*
• I'm thinking ~ → ~ *to omotte imasu.*

☐ 4 I'm thinking I'll go home for three weeks over the summer. ▸ *Natsu ni*

☐ 5 I'm thinking of living in the countryside in the future. ▸ *Inaka no hō ni*

☐ 6 I'm wondering whether or not to go to university. ▸ *Daigaku ni*
• I'm wondering whether or not ~. → ~ *ka dōka mayotte imasu.*

☐ 7 I'm thinking that I want to go to Kyoto next month. ▸ *Kyōto e ikitai*

☐ 8 I think I want to become an interpreter in the future, so I am studying hard. ▸ *tsūyaku ni naritai*
• ~, so …. → ~*te, ….*

☐ 9 Just as I went to buy it, I realized I'd lost my wallet. ▸ *Kaō to*
• I realized ~ → ~ *ni kizukimashita*

One Point Advice

- The volitional form expresses the speaker's will or plan.「Vたい」can be used instead, but the will is weaker, since「Vたい」is desire or wish.
- 「Vようとする」expresses that the speaker is about to do something(V).
  Compare:「Vようとする」describes something that the speaker is about to do.

1 よし、次(つぎ)はがんばろう。
Yoshi, tsugi wa ganbarō.
★ *tsugi* = next time

2 学(まな)ぼうという気持(きも)ちが大切(たいせつ)です。
Manabō to iu kimochi ga taisetsu desu.

3 来月(らいげつ)、京都(きょうと)へ行(い)こうと思(おも)っています。
Raigetsu, Kyōto e ikō to omotte imasu.

4 夏(なつ)に３週間(しゅうかん)ほど帰国(きこく)しようと思(おも)っています。
Natsu ni 3-shūkan hodo kikoku shiyō to omotte imasu.

5 将来(しょうらい)は田舎(いなか)のほうに住(す)もうと思(おも)っています。
Shōrai wa inaka no hō ni sumō to omotte imasu.
★ *shōrai wa* = in the future

6 大学(だいがく)に進学(しんがく)しようかどうか迷(まよ)っています。
Daigaku ni shingaku shiyō ka dōka mayotte imasu.
★ *shingaku-shimatu* = go on to the next stage of education

7 来月(らいげつ)、京都(きょうと)へ行(い)きたいと思(おも)っています。
Raigetsu, Kyōto e ikitai to omotte imasu.

8 将来(しょうらい)、通訳(つうやく)になりたいと思(おも)って、頑張(がんば)って勉強(べんきょう)しています。
Shōrai, tsūyaku ni naritai to omotte, ganbatte benkyō shite imasu.
★ *tsūyaku* = translator

9 買(か)おうとしたら、財布(さいふ)がないことに気(き)づいたんです。
Kaō to shitara, saifu ga nai koto ni kizuitan desu.
★ *saifu* = wallet

21 Conditional expressions

条件表現 じょうけんひょうげん *jōkenhyōgen*

★ With these expressions you can express your own intentions. Use conjunctive particles to describe a situation. Be careful of their characteristics and how they are used.

- ☐ 1 **If you turn that corner you will see a pizza shop.** ▸ *Ano kado*
  • If you V → *V-suru to / V-ta tara / V-nai ba / V-suru nara*

- ☐ 2 **Sure, three people can fit in here.** ▸ *San nin nara*

- ☐ 3 **If it's crowded, shall we go elsewhere?** ▸ *Konde itara*
  • Shall we ~? → *~masen (/masu/mashō) ka?*

- ☐ 4 **If we wait for a little, while people will leave.** ▸ *Sukoshi mateba*

- ☐ 5 **If we'd been just a little earlier, we could have gone into that restaurant.** ▸ *Mō chotto hayaku*
  • coud have ~(p.p.) → *~ dekita noni*

- ☐ 6 **Do the cherry blossoms bloom in spring?** ▸ *Haru ni naru to*

- ☐ 7 **If you're going to Kyoto, I recommend the Japanese style inn called Fujiya.** ▸ *~ ni iku nara*
  • I recommend ~ → *~ o osusume-shimasu / ~ ga ii desu (yo)*

- ☐ 8 **You'll feel much better if you take this medicine.** ▸ *Kono kusuri*
  • feel better → *raku ni narimasu / yoku narimasu*

- ☐ 9 **I felt better after taking the medicine and going to sleep.** ▸ *Kusuri o nonde*

One Point Advice

- In the pattern「X (phrase/clause) と、Y (phrase/clause)」, Y is what inevitably happens if X happens. So, this expression is often used for scientific matters, natural phenomena (6) or personal habits.
- The phrase「～てください」,「～たい」cannot follow「と」or「ば」, while「たら」does not have this kind of restriction.

1 あの角(かど)を曲(ま)がると、ピザ屋(や)があります。
Ano kado o magaru to, pizza-ya ga arimasu.
★ *kado* = corner

2 ３人(にん)なら入(はい)れるでしょう。
3-nin nara haireru deshō.

3 混(こ)んでいたら、別(べつ)の店(みせ)にしますか。
Konde itara, betsu no mise ni shimasu ka?
★ *kommimasu* = be crowded
★ *betsu no* = another

4 少(すこ)し待(ま)てば、空(あ)きますよ。
Sukoshi mateba, akimasu yo.
★ *akimasu* = be vacant

5 もうちょっと早(はや)く行(い)けば、あの店(みせ)に入(はい)れたのに！
Mō chotto hayaku ikeba, ano mise ni haireta noni!

6 春(はる)になると、桜(さくら)が咲(さ)きますか。
Haru ni naru to, sakura ga sakimasu ka?
★ *sakimasu* = bloom

7 京都(きょうと)に行(い)くなら、旅館(りょかん)は「ふじ屋(や)」がいいですよ。
Kyōto ni iku nara, ryokan wa "Fujiya" ga ii desu yo.

8 この薬(くすり)を飲(の)めば、だいぶ楽(らく)になりますよ。
Kono kusuri o nomeba, daibu raku ni narimasu yo.
★ *kusuri* = drug

9 薬(くすり)を飲(の)んですぐ寝(ね)たら、治(なお)りました。
Kusuri o nonde sugu netara, naorimashita.

~te / ~ node / ~kara [Reasons]

★ Particles that explain reasons have various meanings and are used in various ways.

☐ **1** **I can't connect to the internet, and that is annoying.** ▸ *tsunagaranakute*

☐ **2** **I was tired last night, so I just went to bed.** ▸ *tsukarete*
•so → *dakara, nanode* •~, so …. → *~te(node/kara), ….*

☐ **3** **It was crowded, so we didn't go in.** ▸ *konde(i)te*

☐ **4** **I'm so hungry I could eat a horse. (I'm so hungry I could die.)** ▸ *onaka ga suite*

☐ **5** **I don't think I can go because I am busy.** ▸ *Isogashī*

☐ **6** **Please don't throw that away. It is a waste.** ▸ *Mottainai*
•Please don't ~. → *~naide kudasai.*

☐ **7** **I give up, I don't have enough time at the moment.** ▸ *Jikan ga nai*

☐ **8** **I have plans this evening, so I'm going home now.** ▸ *Yōji ga aru*
•I have plans → *yōji (yotei) ga arimasu*

One Point Advice

- 「て」 indicates that the reason and result are related. 「から」 is more formal than 「ので」. The best translation of 5 is "I don't think I can go". However, in Japanese "I think I can't go" is more natural.

1 ネットにつながらなくて、困っています。
Netto ni tsunagaranakute, komatte imasu.
★ *netto* = internet
★ *komarimasu* = be in trouble

2 昨日は疲れて、すぐ寝てしまいました。
Kinō wa tsukarete, sugu nete shimai mashita.
★ *tsukaremasu* = be tired

3 混んで(い)て、中に入れませんでした。
Konde (i)te, naka ni hairemasendeshita.
★ *komimasu* = be crowded

4 おなかが空いて、死にそうです。
Onaka ga suite, shini sō desu.
★ *shinimasu* = die

5 忙しいから行けないと思います。
Isogashī kara ikenai to omoimasu.

6 もったいないから捨てないでください。
Mottainai kara sutenaide kudasai.
★ *mottainai* = wasting

7 時間がないので、今回はあきらめます。
Jikan ga nai node, konkai wa akiramemasu.
★ *akiramemasu* = give up

8 用事があるので、今日はもう帰ります。
Yōji ga aru node, kyō wa mō kaerimasu.

23 ageru/morau/kureru

あげる／もらう／くれる

★This not only explains facts, but also feelings. Correct use will help you sound like a native.

☐ 1 **I gave Ms. Tanaka a souvenir from Australia.** ▶ *~ o agemashita*

☐ 2 **He doesn't get in touch very often.** ▶ *~ o kuremasen*
• get in touch → *renraku o shimasu*

☐ 3 **Ms. Tanaka often gives me snacks.** ▶ *~ o kuremasu*

☐ 4 **I'd like a response sometime today, please.** ▶ *Kyōjū ni*
• I'd like ~. → *~ ga hoshī (/ ~ o moraitai) desu.*

☐ 5 **It sounds like Mr. Miller translated the documents into English for Ms. Yamada.** ▶ *honyaku-shite ageta*
• It sounds like ~. → *~ sō desu.*

☐ 6 **My older brother came and picked me up.** ▶ *mukae ni kite kuremashita*

☐ 7 **Would you mind telling me your phone number, please?** ▶ *Denwa bangō*
• Would you mind ~ing? → *~te kuremasen ka?*

☐ 8 **My friend helped me move house.** ▶ *tetsudatte moraimashita*

One Point Advice

- To give「あげる」: I or someone else gives something to someone else. (Never say「わたしにあげる」). The subject of the sentence is the giver.)
- To receive「くれる」: Someone gives to me, my child, my younger siblings etc. (The subject is the giver.)
- To receive「もらう」: Someone gives something to me, my child, or my younger siblings etc. (I.e. someone receives something. The subject is the recipient.)
- Verbs of giving and receiving can be attached, to other verbs to include a sense of appreciation for the action.

CD-1 42

1 田中(たなか)さんにオーストラリアのお土産(みやげ)をあげました。
Tanaka-san ni Ōsutoraria no omiyage o agemashita. ★ *(o)miyage* = souvenir

2 彼(かれ)はなかなか連絡(れんらく)をくれません。
Kare wa nakanaka renraku o kuremasen.

3 田中(たなか)さんはよく、私(わたし)にお菓子(かし)をくれます。
Tanaka-san wa yoku, watashi ni okashi o kuremasu.

4 今日中(きょうじゅう)に返事(へんじ)をもらいたいんですが。
Kyōjū ni henji o moraitai n desu ga.

5 ミラーさんは、山田(やまだ)さんの書類(しょるい)を英語(えいご)に翻訳(ほんやく)してあげたそうです。
Mirā-san wa, Yamada-san no shorui o eigo ni honyaku-shite ageta sō desu.
★ *shorui* = document
★ *honyaku-shimasu* = translate

6 兄(あに)が迎(むか)えに来(き)てくれました。
Ani ga mukae ni kite kuremashita.

7 電話番号(でんわばんごう)を教(おし)えてくれませんか。
Denwa bangō o oshiete kuremasen ka? ★ *bangō* = number

8 友達(ともだち)に引(ひ)っ越(こ)しを手伝(てつだ)ってもらいました。
Tomodachi ni hikkoshi o tetsudatte moraimasita. ★ *hikkoshi* = moving

24 ~Noni

~のに

★ Including these expressions makes your language sound much more natural.

☐ 1 **Is it OK, even though you are so busy?** ▸ *Isogashī*
•even though → *~noni / ~nimokakawarazu*

☐ 2 **That's a delicious place, despite being so cheap.** ▸ *Soko wa yasui*
•despite ~ → *~noni / ~nimokakawarazu*

☐ 3 **It's busy today, despite being a weekday.** ▸ *Kyō wa heijitsu*

☐ 4 **Even though she knows, she is not telling me.** ▸ *oshiete kurenai*

☐ 5 **Even though I met her last time, I cannot remember her name.** ▸ *omoidasenai*

☐ 6 **But I just said that a moment ago! Weren't you listening?!** ▸ *Sakki*

☐ 7 **Oh, that's unfortunate. I tried so hard.** ▸ *Aa, ganbatta*
•that's unfortunate → *zannen(desu)*

☐ 8 (After spilling something on clothes)
Oh no, this is terrible. This is brand new. ▸ *Hidoi!*

One Point Advice

- The pattern「X（な）のに Y」means, "Although X, Y happens/happened." Therefore, the X (clause) and Y(clause) should be two opposite matters. This「のに」is a conjunctive particle.
- If Y is understood, it is often omitted.

CD-1

1 忙(いそが)しいのに、大丈夫(だいじょうぶ)ですか。
Isogashī noni, daijōbu desu ka?
★ *daijōbu* = alright

2 そこは安(やす)いのにおいしいんです。
Soko wa yasui noni oishī n desu.

3 今日(きょう)は平日(へいじつ)なのに込(こ)んでいますね。
Kyō wa heijtsu na noni konde imasu ne.
★ *heijitsu* = weekday

4 彼女(かのじょ)、知(し)っているのに、教(おし)えてくれないんです。
Kanojo, shitteiru noni, oshiete kurenai n desu.

5 この前(まえ)会(あ)ったのに、名前(なまえ)が思(おも)い出(だ)せないんです。
Kono mae atta noni, namae ga omoidasenai n desu.
★ *konomae* = last time

6 さっき言(い)ったのに！　聞(き)いてなかったの？
Sakki itta noni! Kītenakatta no?

7 あーあ、頑張(がんば)ったのに。残念(ざんねん)。
Āa, ganbatta noni. Zannen.
★ *ganbarimasu* = try hard

8 （服(ふく)を汚(よご)されて）ひどい！ これ、新品(しんぴん)なのに！
(fuku o yogosarete) *Hidoi! Kore, shinpin na noni!*
★ *hidoi* = terrible
★ *shinpin* = brand new

~rashī / ~mitai / ~ppoi

～らしい、～みたい、～っぽい

★ These expressions are similar, but make sure you understand the subtle differences.

☐ 1 **Apparently a typhoon is coming soon.** ▶ *Mōsugu*
• Apparently ~. → ~ *rashī desu.*

☐ 2 **Oh, was that the company president? He doesn't look like one at all.** ▶ *Ett, imano hito*
• look like ~ → ~ *rashī*

☐ 3 **I think I've caught a cold. My throat is sore.** ▶ *Kaze o hīta*

☐ 4 **It looked like she is mad.** ▶ *Kanojo, okotte iru*
• It looks like ~. → ~ *mitai desu.*

☐ 5 **I'm often told that I am just like a Japanese (person).** ▶ *Nihonjin*
• I'm told that ~ → *~da to/tte iwaremasu.*

☐ 6 **He looks like a student, but he is actually the company president.** ▶ *Gakusei ppoku*
• look like ~ → ~ *ppoku miemasu*

☐ 7 **He said it as if it was a joke, but in fact he must be hurting.** ▶ *jōdan ppoku*
• As if ~ → ~ *yō ni ~ / ~ppoku ~*

☐ 8 **The person wearing the black clothes is Bill.** ▶ *Kono kuro ppoi fuku*
• A wearing ~ → ~ *o kiteiru A*

One Point Advice

- らしい is used in two different ways.
- The first is when you are reporting something you heard from somewhere such as in 1; or talking about something intuitive, that has no basis in reason, such as 3. In this case the casual conversation version is みたい.
- 2 is an example of the second usage. This is indicating something stereotypical. In summary, 社長(しゃちょう)らしい人(ひと) is really a 社長(しゃちょう). However, 社長(しゃちょう)みたいな人 is not actually a 社長(しゃちょう). A more colloquial expression of 社長(しゃちょう)みたいな人 is 社長(しゃちょう)っぽい人(ひと) as in 6-8.

CD-1 44

1 もうすぐ台風(たいふう)が来(く)るらしいですね。
Mōsugu taihū ga kuru rashī desu ne.

2 えっ、今(いま)の人(ひと)、社長(しゃちょう)（さん）だったの？
全然(ぜんぜん)社長(しゃちょう)らしくない人(ひと)だね。
Ett, ima no hito, shachō(san) datta no? Zenzen shachō rashiku nai hito da ne.
★ *zenzen ~ nai* = not ~ at all

3 風邪(かぜ)を引(ひ)いたみたいです。のどが痛(いた)いです。
Kaze o hīta mitai desu. Nodo ga itai desu.
★ *nodo* = throat
★ *itai* = be sore

4 彼女(かのじょ)、怒(おこ)っているみたいでしたよ。
Kanojo, okotte iru mitai deshita yo.
★ *okotteimasu* = be angry

5 日本人(にほんじん)みたいだってよく言(い)われます。
Nihonjin mitai da tte yoku iwaremasu.

6 学生(がくせい)っぽく見(み)えるけど、彼(かれ)は会社(かいしゃ)の社長(しゃちょう)なんです。
Gakusei ppoku mieru kedo, kare wa kaisha no shachō na n desu.

7 彼(かれ)、冗談(じょうだん)っぽく言(い)ってましたけど、本当(ほんとう)は辛(つら)かったはずです。
Kare, jōdan ppoku itte mashita kedo, hontō wa tsurakatta hazu desu.
★ *jōdan* = joke
★ *hontōwa* = in fact

8 この黒(くろ)っぽい服(ふく)を着(き)ているのがビルさんです。
Kono kuro ppoi fuku o kite iru no ga Bill san desu.

26 ~ sō/~tte [hearsay]

～そう / ～って［伝聞(でんぶん)］

★ Note the differences in formality when reporting what you heard.

☐ 1 **I've heard that Kyoto is hot at this time of year.** ▸ *Ima no jiki*
• I've heard that ~. → *~ sō desu.*
• at this time → *kono jiki / ima no jiki*

☐ 2 **Mr. Smith said he was taking the day off tomorrow.** • have the day off → *yasumimasu* ▸ *~ tte itte mashita*

☐ 3 **I hear that Mr. Smith is having tomorrow off.** ▸ *~ n da tte*

☐ 4 **I hear that he isn't coming tomorrow.** ▸ *~ n da tte*

☐ 5 **Bill is apparently from Sydney.** ▸ *~ no shusshin*
• A is apparently ~. → *A wa ~ sō desu.*

☐ 6 **I hear that Bill is from Sydney.** ▸ *~ na n desu tte*

☐ 7 **Apparently Mr. Miller is not a student.** ▸ *gakusei ja nai*

☐ 8 **I hear that Mr. Miller is not a student.** ▸ *~ ja nai n da tte*

One Point Advice

- To talk about something you heard from someone, or read somewhere, use「そうです」. Its colloquial contracted form is「〜って」.

1 今(いま)の時期(じき)、京都(きょうと)は暑(あつ)いそうですね。
Ima no jiki, Kyōto wa atsui sō desu ne.

2 スミスさんは、明日(あした)休(やす)むって言(い)ってました。
Sumisu-san wa, ashita yasumu tte itte mashita.

3 スミスさん、明日(あした)休(やす)むんだって。
Sumisu-san, ashita yasumu n da tte.

4 彼(かれ)、明日(あした)来(こ)ないんだって。
Kare, ashita konai n da tte.

5 ビルさんは、シドニーの出身(しゅっしん)だそうですよ。 ★ *~no shusshin desu* = be from ~
Biru-san wa, Shidonī no shusshin da sou desu yo.

6 ビルさんは、シドニーの出身(しゅっしん)なんですって。
Biru-sam wa, Shidonī no shusshin na n desu tte.

7 ミラーさんは、学生(がくせい)じゃないそうです。
Mirā-san wa, gakusei ja nai sō desu.

8 ミラーさんは、学生(がくせい)じゃないんだって。
Mirā-san wa, gakusei ja nai n da tte.

★ If you can use SOU to describe a condition, your language will sound quite natural.

☐ 1 **Does it look like it will go well?** ▸ *Umaku*
• look like ~ → *~sō*

☐ 2 **It was cold and looked chilly.** ▸ *Samukute*
• look ~ → *~sō*

☐ 3 **It looks crowded today.** ▸ *Kyō wa*

☐ 4 **I might forget that so I'll write it down.** ▸ *wasuremasu*
• might ~ → *~kamoshiremasen / ~sō*

☐ 5 **What do you think? Can you do it?** ▸ *Dō?*

☐ 6 **This cake looks delicious.** ▸ *Ano kēki*

☐ 7 **As always, he looks busy.** ▸ *isogashī*
• As always → *aikawarazu / itsumo no yō ni*

☐ 8 **He didn't look very happy.** ▸ *Kare, anmari*
• did not look ~ → *~ sō janakatta*

One Point Advice

- "In No.1-5 the form「V(pre-masu form)+ そう」indicates that something appears to be happening right now. Adjectives、 that express a feeling, such as うれしい (glad) & 悲しい (sad) can only be used to express the speaker's feelings, not anyone else's. No.8 is an example of a third person reporting someone's feelings. The understanding is that the feelings are being observed by someone else. When using this form in the negative for I-adjectives「～ない」+そう becomes「～なさそう」.

CD-1 46

1 うまくいきそうですか。
Umaku ikisō desu ka?
★ *umaku ikimasu* = go well

2 寒(さむ)くて凍(こご)えそうでした。
Samukute kogoesō deshita.
★ *kogoemasu* = be chilled

3 今日(きょう)は混(こ)んでそうですね。
Kyō wa kondesō desu ne.
★ *komimasu* = be crowded

4 忘(わす)れそうだから、書(か)いておきます。
Wasuresō dakara, kaite-okimasu.

5 どう？　できそう？
Dō? Dekisō?

6 あのケーキ、おいしそう。
Ano kēki, oishisō.

7 相変(あいか)わらず、彼(かれ)は忙(いそが)しそうです。
Aikawarazu, kare wa isogashisō desu.

8 彼(かれ)、あんまりうれしそうじゃなかったね。／うれしくなさそうだったね。
Kare, anmari ureshisōja nakatta ne. / Ureshikunasasō dattane.
★ *ureshī* = happy

28 ~ yō ni naru/ ~ ku naru/ ~ ni naru

~ようになる / ~くなる / ~になる

★ By learning how to describe change you will be able to discuss your Japanese ability and Japanese culture.

☐ **1** **It's become quite cold lately.**
• become ~(adjective) → *~ku narimasu*
▸ *Saikin, kyuni*

☐ **2** **My bags have become lighter.**
▸ *Nimotsu*

☐ **3** **(My) hair has got quite long.**
▸ *Kami*

☐ **4** **Sorry, I don't quite understand.**
▸ *Chotto*

☐ **5** **I just become sleepy after eating lunch.**
• After ~ing → *~ta ato wa*
▸ *Ohiru-gohan o tabeta*

☐ **6** **That's an interesting person. I'd like to be friends with him.**
▸ *Omoshiroi hito*

☐ **7** **I've never had a serious illness.**
• have never ~(p.p.) → *~ta koto wa arimasen*
▸ *Ōkina byōki*

☐ **8** **I'm gradually starting to be able to speak Japanese.**
• start to ~ → *~suru yō ni narimasu*
▸ *Dandan*

One Point Advice

- To express change use,「V(dictionary form)＋ようになる」. It is often used to describe something you couldn't do, but can now do; or something you can't do, that you used to be able to do. It is often used for potential verbs, sensory verbs and verbs of perception, as in 8.
- With *NA*-adjectives「ようになる」becomes「になる」. *I*-adjectives become「くなる」. The negative forms of verbs use「ない」and they act like an *I*-adjective.

CD-2 1

1 最近(さいきん)、急(きゅう)に寒(さむ)くなりましたね。
Saikin, kyūni samuku narimashita ne.
★ *kyūni* = suddenly

2 荷物(にもつ)が軽(かる)くなった！
Nimotsu ga karuku natta!
★ *nimotsu* = baggage

3 髪(かみ)がだいぶ長(なが)くなりました。
Kami ga daibu nagaku narimashita.
★ *daibu* = quite

4 ちょっとわからなくなりました。
Chotto wakaranaku narimashita.

5 お昼(ひる)ご飯(はん)を食(た)べたあとは、どうしても眠(ねむ)くなります。
Ohiru-gohan o tabeta ato wa dōshitemo nemuku narimasu.
★ dōshitemo = no matter what

6 面白(おもしろ)い人(ひと)ですね。友達(ともだち)になりたいです。
Omoshiroi hito desu ne. Tomodachi ni naritai desu.

7 大(おお)きな病気(びょうき)になったことはありません。
Ōkina byōki ni natta koto wa arimasen.
★ *ōkina(byōki)* = serious

8 だんだん日本語(にほんご)が話(はな)せるようになってきました。
Dandan nihongo ga hanaseru yō ni natte kimashita.
★ *dandan* = gradually

29 Passive / Causative

受け身 / 使役 *ukemi / sieki*

うけみ しえき

★ The passive form represents some of the unique aspects of the Japanese language. It can be tricky, but is worth the challenge!

☐ 1 **Apparently, this building was built about one thousand years ago.** ▸ *tateraremashita*
• Apparently ~. → *~ sō desu.*

☐ 2 **Someone stepped on my foot in the train, a while ago.** ▸ *fumaremashita*

☐ 3 **I was told not to use this route.** ▸ *Koko o*
• I was told to ~ → *~ yō ni iwaremashita.*

☐ 4 **I'm worried that she doesn't like me.** ▸ *kirawaremasu*
• I'm worried that ~. → *~ ka shinpai desu.*

☐ 5 **Please let me do it.** ▸ *Zehi*
• let me ~ → *~(V) sete kudasai*

☐ 6 **Please don't surprise me.** ▸ *Bikkuri sasemasu*

☐ 7 **Please let me know as soon as the date is set.** ▸ *Hinichi ga kimat-tara*
• as soon as ~ → *~tara sugu ni*

☐ 8 **I really disappointed her.** ▸ *gakkari sasemasu*

One Point Advice

- The passive form is often used to describe an unfortunate occurrence. E.g 2. 1 is describing a fact from history. 5 to 8 are examples of causative verbs. In 5 the speaker is asking for something to be given to him/her to do.

CD-2 2

1 この建物は、約千年前に建てられたそうです。
たてもの やくせんねんまえ た
Kono tatemono wa, yaku sennen mae ni taterareta sō desu.
★ *tatemono* = building

2 さっき電車の中で足を踏まれました。
でんしゃ なか あし ふ
Sakki densha no naka de ashi o fumaremashita.
★ *fumimasu* = step on

3 ここを通らないように言われました。
とお い
Koko o tōranaiyō ni iwaremashita.
★ *tōrimasu* = pass

4 彼女に嫌われていないか、心配です
かのじょ きら しんぱい
Kanojo ni kirawarete inai ka shinpai desu.

5 ぜひ、私にやらせてください。
わたし
Zehi, watashi ni yarasete kudasai.

6 びっくりさせないでください。
Bikkuri sasenaide kudasai.
★ *bikkuri-shimasu* = be suppresed

7 日にちが決まったら、すぐに知らせてください。
ひ き し
Hinichi ga kimattara, sugu ni shirasete kudasai.
★ *sirasemasu* = let someone know

8 彼女をがっかりさせてしまいました。
かのじょ
Kanojo o gakkari sasete-shimaimashita.
★ *Gakkari-shimasu* = disappointed

30 Honorific expressions

敬語 *keigo*
けいご

★ If you can use polite forms in Japanese, your language will be highly regarded. Good luck!

☐ **1 What time will you be back?** ▸ *o-modori desu ka?*

☐ **2 What will you do for lunch?** ▸ *Go-chūshoku*
• What will you do for ~? → ~ *wa dō shimasu ka?*

☐ **3 I'll show you. Please come this way.** ▸ *Go-annai*
• this way → *kochira e/ni* [polite]

☐ **4 I saw your (e)mail.** ▸ *Mēru*

☐ **5 I'll take your bag for you.** ▸ *o-mochi shimasu*

☐ **6 Where are you going next?** ▸ *dochira e ~ ka?*

☐ **7 I'll visit my teacher's house.** ▸ *sensei no o-taku*

☐ **8 Welcome. Please come in.** ▸ *Irasshai*

☐ **9 Bon appetite. Please enjoy your meal.
— Thank you, (this looks delicious).** ▸ *Dōzo, ~ kudasai*

One Point Advice

- Broadly speaking the polite language in Japanese falls into three categories: (1) polite language, (2) respectful language and (3) humble language. Examples of (1) include「行く」→「行きます」,「はな」→「お花」. In (2) we try to raise up the listener e,g, おVになる・ごVになる etc. In (3) we try to lower ourselves, at the same time making the listener feel important. e.g おVする etc. In (2) and (3) the actual vocabulary may change. Respectful language examples include:「食べる」→「召し上がる」「行く／来る／いる」→「いらっしゃる」「見る」→「ご覧」になる etc.
Humble language examples include:：「食べる」→「いただく」
「行く／来る」→「参る／伺う」「見る」→「拝見する」etc.

CD-3 3

1 何時にお戻りですか。
Nan-ji ni o-modori desu ka?
★ *modorimasu* = be back

2 ご昼食はどうなさいますか。
Go-chūshoku wa dō nasaimasu ka?
★ *nasaimasu* = do [honorific]

3 ご案内します。どうぞ、こちらへ。
Go-annai-shimasu. Dōzo, kochira e.
★ *annai-shimasu* = guide / show

4 メール拝見しました。
Mēru haiken-shimashita.
★ *haiken-shimasu* = take a look [honorific] *used by the speaker to humble themself

5 かばんをお持ちします。
Kaban o o-mochi shimasu.

6 これから、どちらへいらっしゃいますか。
Korekara, dochira e irasshaimasu ka?
★ *irasshaimasu* = go [honorific]

7 先生のお宅に伺います。
Sensei no o-taku ni ukagaimasu.
★ *otaku* = ie [honorific]
★ *ukagaimasu* = visit [honorific]

8 いらっしゃい。どうぞお上がりください。
Irasshai. Dōzo o-agari kudasai.
★ *agarimasu* = come in one's house [honorific]

9 どうぞお召し上がりください。
——はい。では、いただきます。
Dōzo o-meshiagari kudasai.— Hai. Dewa, idatakimasu.
★ *meshiagarimasu/itadakimasu* = eat [honorific]

Features of the Japanese Spoken Language 3

★ The phrase **～んです** is often heard in Japanese conversations. This phrase represents one of the unique characteristics of the Japanese language. If you use this phrase appropriately, it will convey your feelings nicely, although too much use is strongly discouraged.

～んです is used in the following cases:

① When questioning with a certain premise, or when questioning with a concern or worry.

② When giving a reason, or excuse, or when explaining.

③ When adding the connotation of emotion or emphasizing the emotion

For example, please read the following dialogue:

山田「あれっ、そのコート、やっぱり買ったんですか。」①
田中「ええ。どうしてもほしくて、買っちゃったんです。」②
山田「そうですか。あんなに高かったのに、買ったんですか…」③

Yamada: My goodness! You've bought that coat after all?
Tanaka: Yeah, I really wanted this, and decided to buy it after all.
Yamada: I see. You bought it, despite the fact that it was so expensive...

Without **～んです** in this kind of daily conversation, it sounds somewhat like mechanical robots are talking. If your friend appears in front of you with a bump on his/her forehead, asking **どうしたんですか** will convey your warm feeling of concern better than **どうしましたか** which is more like a doctor's objective inquiry.

★ In addition to these, the Japanese language has many other basic sentence patterns that express the speaker's feelings or that indicate concern for the listener, e.g. **～ちゃう（てしまう）**, passive verbs, intransitive verbs, and verbs to describe giving and receiving. Each of these forms is explained in the One Point Advice section in this book.

PART 4
Scene

Catching a train

電車に乗る densha ni noru

でんしゃ　の

★ You may be surprised, but trains are more convenient than cars, and essential to getting around the big cities in Japan.

☐ 1 **Excuse me. How do I get to Shibuya station?** ▸ *Sumimasen, Shibuya ni wa ~*

• How do I…? → *Dō… ka?*

☐ 2 **Please take the Ginza line bound for Shibuya.** ▸ *Ginza-sen no Shibuya-yuki*

• bound for → *~yuki*

☐ 3 **Does this train stop at Akihabara station?** ▸ *Kono densha wa ~*

• to stop at ~ → *~ni tomarimasu*

☐ 4 **Does this train go to Tokyo?** ▸ *Kono densha wa ~*

• to go to ~ → *~ni ikimasu*

☐ 5 **Where should I change trains?** ▸ *Dokode ~ ka*

• change trains → *norikaemasu*

☐ 6 **Please change to the Chuo line at Shinjuku.** ▸ *Shinjuku de*

• change to A line → *A ni norikaemasu*

☐ 7 **Which platform has trains bound for Tokyo?** ▸ *Tokyo-yuki wa*

• Which platform → *nanban sen/nanban hōmu*

☐ 8 **Is this an express train or a local train?** ▸ *Kono densha wa ~ ka, ~ ka?*

• express train → *kyūkō*
• local train → *kakueki(teisha)*

One Point Advice

- Given the number of trains and train lines around Tokyo and the superb transportation system, this is a good page to learn if you want to get around the systems smoothly.

1 すみません、渋谷にはどう行けばいいですか。
Sumimasen, Shibuya niwa dō ikeba ii desu ka?

2 銀座線の渋谷行きに乗ってください。
Ginza-sen no Shibuya-yuki ni notte kudasai.

3 この電車は秋葉原に止まりますか。
Kono densha wa Akihabara ni tomarimasu ka?

4 この電車は東京に行きますか。
Kono densha wa Tōkyō ni ikimasu ka?

5 どこで乗り換えますか。
Dokode norikaemasu ka?

★ change trains = *norikaeru*

6 新宿で中央線に乗り換えてください。
Shinjuku de Chūō-sen ni norikaete kudasai.

7 東京行き（の電車）は何番線ですか。／何番ホームですか。
Tōkyō-yuki wa nan-ban-sen desu ka? / Nan-ban-hōmu desu ka?

★ *sen/hōmu* = platform

8 この電車は急行ですか、各駅（停車）ですか。
Kono densha wa kyūkō desu ka, kakueki(teisha)desu ka?

02 Catching a bus or a taxi

バス・タクシーを 使う

basu/takushī o tsukau

★ Buses and taxis are also convenient for getting around town.

☐ 1 **Where is the bus stop?** ▶～ *wa doko desu ka?*
•bus stop → *basutei, basu-noriba*

☐ 2 **What number platform does the bus to Fuji University leave from?** ▶～ *wa nanban desu ka?*

☐ 3 **Where should I get off to go the city office?** ▶～ *ni iku ni wa*
•Where should I ~? → *Doko de ~masu ka/~ba ii desu ka?*

☐ 4 **When should I pay? When I get on or when I get off?** ▶ *itsu* ～ *ka* ▶ *Noru toki/Oriru toki*

☐ 5 **Please take a numbered ticket (when you get on) and pay when you get off.** ▶ *Seiriken o totte*
•V when ~ → *~toki ni V*

☐ 6 **Please go straight along this road.** ▶～ *o massugu itte*
•along ~ → *~o, ~ni sotte*

☐ 7 **Please turn right at the next corner.** ▶～ *o migi ni magatte*

☐ 8 **Please stop about here.** ▶～ *de tomete*
•about here → *kono hen de*

One Point Advice

- Passengers always travel in the back seat of taxis in Japan, unless there are enough passengers that the front seat needs to be used. The back, passenger-side door is operated by the driver. Do not try to open or close it yourself. Many taxis have "point and talk" cards to help you communicate with the driver.
- Bus fares are generally paid at the front of the bus. Some trips are pay when you get on; some trips are pay when you get off. If you get on through the back door, you will most likely pay your fare when you get off.

CD-2 5

1 バス停(てい)はどこですか。
Basutei wa doko desu ka?

2 ふじ大学行(だいがくい)きのバスは何番乗(なんばんの)り場(ば)ですか。
Fuji-daigaku-iki no basu wa nanban noriba desu ka?

3 市役所(しやくしょ)に行(い)くには、どこで降(お)りればいいですか。
Shiyakusho ni iku niwa, doko de orireba iidesu ka?

★ *shiyakusho* = city office

4 お金(かね)はいつ払(はら)いますか。乗(の)るときですか、降(お)りるときですか。
Okane wa itsu haraimasu ka? Noru toki desu ka? Oriru tokidesu ka?

5 整理券(せいりけん)を取(と)って、降(お)りる時(とき)に払(はら)ってください。
Seiriken o totte, oriru toki ni haratte kudasai.

6 この道(みち)をまっすぐ行(い)ってください。
Kono michi o massugu itte kudasai.

★ *massugu* = straight

7 次(つぎ)の角(かど)を右(みぎ)に曲(ま)がってください。
Tsugi no kado o migi ni magatte kudasai.

★ *migi ni magarimasu* = turn right

8 この辺(へん)で止(と)めてください。
Konohen de tomete kudasai.

03 Asking the way

道をたずねる
みち

michi o tazuneru

★ If you learn these phrases you'll have no trouble even when you get lost.

☐ 1 **Excuse me, which way is the station?** ▸ *Sumimasen,*
• which way is ~? → *~wa dochira(/docchi) desu ka?*

☐ 2 **Is there a convenience store near here?** ▸ *~ wa arimasen ka?*
• near here → *chikaku ni/de*

☐ 3 **Where is 2-3 Motomachi?** ▸ *~ wa donohen desu ka?*
(Read "two dash three)"

☐ 4 **Where is the taxi stand?** ▸ *~ wa doko deau ka?*

☐ 5 **Excuse me, I'd like to go here please.** ▸ *~ ni ikitain desu ga*

☐ 6 **How do I get to the Golden Pavilion? (Kinkakuji)** ▸ *Kinkaku-ji ewa*
• How do I get to~? → *~wa dō ikeba ii desu ka?*

☐ 7 **Can I walk to Kiyomizu Temple from here?** ▸ *Koko kara*
• Can I walk to~? → *~made aruite ikemasu ka?*

☐ 8 **What is the closest station to Sky Tree?** ▸ *~ wa doko desu ka?*
• the closest station to → *~ no moyori eki*

One Point Advice

- 「すみません」 is a very good word to start with,if you want to ask someone for directions. The listener's reaction will indicate their willingness to talk to you. It will be obvious if they are in a hurry,or they don't want to answer. When asking directions use, 「すみません」 to gauge someone's readiness to help you.

1 すみません、駅(えき)はどっちですか。
Sumimasen, eki wa docchi desu ka?

---

2 この近(ちか)くにコンビニはありませんか。
Kono chikaku ni konbini wa arimasen ka?

★ *konbini* = convenience store

---

3 本町(もとまち)２丁目(ちょうめ)３番(ばん)はどの辺(へん)ですか。
Motomachi 2-chōme 3-ban wa donohen desu ka?

★ *chōme, banchi* = terms of address

---

4 タクシー乗(の)り場(ば)はどこですか。
Takushī noriba wa doko desu ka?

★ *takushī noriba* = taxi stand

---

5 すみません、ここに行(い)きたいんですが。
Sumimasen, koko ni ikitain desu ga.

---

6 金閣寺(きんかくじ)へはどう行(い)けばいいですか。
Kinkaku-ji e wa dō ikeba ii desu ka?

---

7 ここから清水寺(きよみずでら)まで歩(ある)いて行(い)けますか。
Koko kara Kiyomizu-dera made aruite ikemasu ka?

★ *aruite* = on foot

---

8 スカイツリーの最寄(もよ)り駅(えき)はどこですか。
Sukaitsurī no moyorieki wa doko desu ka?

04 At a hotel

ホテルで *hoteru de*

★ You can get by with English in most hotels around the country; but it' s better to use Japanese.

☐ 1 **I have reservation for Brown? May I check in please?** ▶ *Yoyaku shiteiru ~ desu*
• May I check in? → *chekku in onegai shimasu*

☐ 2 **What time is dinner?** ▶ *~ wa nan-ji kara desu ka?*

☐ 3 **Can I use the internet?** ▶ *Intanetto*
• Can I use~? → *~ wa tsukaemasu ka?*

☐ 4 **I can't get any hot water.** ▶ *~ ga denai*

☐ 5 **The yukata is a little small. Do you have a bigger one?** ▶ *~ ga chīsai*
• Do you have~? → *~wa arimasu ka?*

☐ 6 **I'd like a wake up call please.** ▶ *~ o onegai shit-ain desu ga*
• a wake up call → *mōningu kōru* (morning call)

☐ 7 **Please call a taxi (for me).** ▶ *~ hoshiin desu ga*
• call a taxi → *takushii o yobimasu*

☐ 8 **Can I leave my luggage?** ▶ *Nimotsu*
• Can I leave~? → *~o azukatte moraemasu(/azukeru koto wa dekimasu) ka*

One Point Advice

- The phrases「〜てほしいんですが」、「〜てもらえますか」are used to express wishes or desires so they are very useful for ensuring a pleasant stay in a hotel.
- There are a variety of different kinds of hotels in Japan. Business hotels, capsule hotels, love hotels, world renown chains and local family inns - just to name a few. Prices range from a few thousand yen to much, much more. Your budget and the kind of experience that you would like, should guide your choice of a place to stay.

CD-2 7

1 予約(よやく)しているブラウンです。チェックインをお願(ねが)いします。
Yoyaku shiteiru Buraun desu. Chekkuin(o) onegai-shimasu.
★ *yoyaku-shimasu* = reserve

2 夕食(ゆうしょく)は何時(なんじ)からですか。
Yūshoku wa nan-ji kara desu ka?

3 インターネットは使(つか)えますか。
Intānetto wa tsukaemasu ka?

4 お湯(ゆ)が出(で)ないんですが。
O-yu ga denain desu ga.
★ *oyu* = hot water

5 浴衣(ゆかた)が小(ちい)さいんですが。大(おお)きいサイズのはありますか。
Yukata ga chiisain desu ga. Ōkii saizu nowa arimasu ka?
★ *yukata* = light cotton kimono for summer

6 モーニングコールをお願(ねが)いしたいんですが。
Mōningu-kōru o onegai shitai n desu ga.

7 タクシーを呼(よ)んでほしいんですが。
Takushii o yonde hoshiin desu ga.

8 荷物(にもつ)を預(あず)かってもらえますか。
Nimotsu o azukatte moraemasu ka?
★ *azukemasu* = deposit, leave

05 At a restaurant or coffee shop ①

レストラン・喫茶店で①

resutoran / kissaten de ①

★ Learn how to communicate in restaurants and coffee shops.

☐ 1 **Could I see the menu, please?** ▶ *~ moraemasu ka*

☐ 2 **Excuse me. Could we order, please.** ▶ *~ o onegai-shimasu*
• order → *chūmon-shimasu*

☐ 3 **I'd like coffee, please.** ▶ *Kōhi*
• I'd like ~ → *~o onegai-shimasu*

☐ 4 **Would you like hot or ice (coffee)?** ▶ *~ to ~ , dochira*

☐ 5 **Hot (coffee) please.** ▶ *~ de onegai-shimasu*

☐ 6 **Would you like your drinks after the meal?** ▶ *~ de yoroshiidesu ka?*
• after ~ → *~no ato (de)*

☐ 7 **After the meal, please. / With the meal, please.** ▶ *Ato de/Issho de*
• with ~ → *~to issho (ni, de)*

One Point Advice

- 「～をお願(ねが)いします」 and 「～をお願(ねが)いしたいんですが」 are very useful expressions for ordering in restaurants and coffee shops. They will get you almost anything you want. Japanese people do not entertain very much at home, so the restaurant is often a venue for entertaining, especially business clients. Friends often meet or spend time in coffee shops together. People also go to cofee shops alone to study or work or just read a book and relax.

CD-2 8

1 メニューを見(み)せてもらえますか。
Menyū o misete moraemasu ka?

2 すみません、注文(ちゅうもん)をお願(ねが)いします。
Sumimasen, chūmon o onegai-shimasu.

3 コーヒーをお願(ねが)いします。
Kōhī o onegai-shimasu.

4 ホットとアイス、どちらになさいますか。
Hotto to aisu, dochira ni nasaimasu ka?

★ *aisu* = iced
★ *dochira* = polite way of saying of "*dore*" or "*docchi*"
★ *nasaimasu* = honorific expression of "*shimasu*"

5 ホットでお願(ねが)いします。
Hotto de onegai-shimasu.

6 お飲(の)み物(もの)はお食事(しょくじ)の後(あと)でよろしいですか。
O-nomimono wa o-shokuji no ato de yoroshī desu ka?

★ *nomimono* = drink
★ *shokuji* = meal

7 後(あと)でお願(ねが)いします。／一緒(いっしょ)でお願(ねが)いします。
Ato de onegai-shimasu. / Issho de onegai-shimasu.

06 At a restaurant or coffee shop ②

レストラン・喫茶店で② *resutoran / kissatenn de ②*

(きっさてん)

★ It' s common to hold meetings and parties in restaurants and coffee shops. You too, will be invited out!

☐ 1 **I'd like this. Sakura, what would you like?** ▸ *nani ni shimasu ka?*
• I'd like ~ → *~ni shimasu*

☐ 2 **What do you recommend?** ▸ *~ wa nan desu ka*
• to recommend → *osusume-suru*

☐ 3 **Does this have pork in it?** ▸ *~ ga haitte imasu ka?*
• pork → *butaniku*

☐ 4 **I don't like raw fish.** ▸ *~ wa …nan desu*
• raw fish → *nama no sakana*

☐ 5 **I can't drink alcohol.** ▸ *~ wa …nai n desu*
• alcohol → *osake, arukōru*

☐ 6 **Something I ordered has not arrived.** ▸ *Chūmon shita mono*

☐ 7 **I did not ordered this.** ▸ *chūmon shite imasen*

☐ 8 **Can I have the check, please?** ▸ *~ onegai-shimasu*
• the check → *(o) kaikei*

One Point Advice

- Most Japanese restaurants are very flexible; if there is something that you don't like, or can't eat, it is always worth asking if it can be removed or changed.

1 私(わたし)はこれにします。さくらさんは何(なに)にしますか。
Watashi wa kore ni shimasu. Sakura-san wa nani ni shimasu ka?

2 おすすめは何(なん)ですか。
Osusume wa nan desu ka?

★ *osusume* = one's recommendation

3 これは豚肉(ぶたにく)が入(はい)っていますか。
Kore wa butaniku ga haitte imasu ka?

★ *haitte* = in it

4 生(なま)の魚(さかな)は苦手(にがて)なんです。
Nama no sakana wa nigate na n desu.

★ *~n desu* = Used to explain one's situation.

5 お酒(さけ)は飲(の)めないんです。
Osake wa nomenai n desu.

6 注文(ちゅうもん)したものが来(こ)ないんですが。
Chūmon-shita mono ga konai n desu ga.

★ *~n desu ga* = Used to ask something modestly.

7 これは注文(ちゅうもん)していません。
Kore wa chūmon-shite imasen.

8 お会計(かいけい)お願(ねが)いします。
O-kaikei onegai-shimasu.

★ *(o)kaikei* = accounting, check

At a department store ①

デパートで① *depāto de* ①

★ These phrases are useful when shopping in department stores.

☐ 1 **How much is this?** ▸ *Kore wa ～ ka?*

☐ 2 **Do you have a slightly cheaper one?** ▸ *Mōchotto*
- Do you have ~? → *~wa arimasen ka?*
- slightly ~er → *mōchotto ~*

☐ 3 **Do you have another color?** ▸ *～ wa arimasu ka?*
- another color → *hoka no iro*

☐ 4 **Do you have a slightly brighter color?** ▸ *～ wa arimasen ka?*

☐ 5 **May I try this on? / Can I try this on?** ▸ *Shichaku ～ ka?* ▸ *～ temoii*
- May I ~? → *~temo ii desu ka?*
- Can I ~? → *~ dekimasu ka?*

☐ 6 **May I try these shoes on, please?** ▸ *～ temoii*
- to try on (shoes) → *haite-mimasu*

☐ 7 **Do you have this in an M (size)?** ▸ *Kore no M*

☐ 8 **Do you have these (shoes) in 25cm?** ▸ *Kore no 25 senchi*
- 25 cm → *25 senchi*

One Point Advice

- This phrase is commonly used by shop assistants. 「少々(しょうしょう)お待(ま)ちください」. It is a very polite way of asking you to wait a moment while they follow up on your request.

1 これはいくらですか。
Kore wa ikura desu ka?

2 もうちょっと安(やす)いのはありませんか。
Mōchotto yasui nowa arimasen ka?

3 ほかの色(いろ)はありますか。
Hoka no iro wa arimasu ka?

4 もう少(すこ)し明(あか)るい色(いろ)はありませんか。
Mōsukoshi akarui iro wa arimasen ka?

5 試着(しちゃく)してもいいですか。／試着(しちゃく)できますか。
Shichaku-shitemo ii desu ka? / Shichaku deskimasu ka?
★ *Shichaku-shimasu* = try on (clothes)

6 このくつ、はいてみてもいいですか。
Kono kutsu, haite mitemo ii desu ka?
★ *hakimasu* ⇒ wear shoes, pants, skirt

7 これの M はありますか。
Kore no emu wa arimasu ka?

8 これの 25 センチはありますか。
Kore no 25senchi wa arimasu ka?

08 At a department store ②

デパートで② *depāto de ②*

★ Department store employees are said to be extremely polite and helpful. Enjoy interacting with them.

☐ 1 **I'm sorry, but all that we have is on display.** ▸ *~ to natte orimasu*

☐ 2 **We would have to order that in. Would you like us to? — Yes, please.** ▸ *ikaga-nasaimasu ka?*

☐ 3 **These trousers are too tight.** ▸ *Kono zubon*
• too~ → *~sugimasu*

☐ 4 **OK, I'll take this one.** ▸ *Wakarimashita*
• I'll take~ → *~ni shimasu*

☐ 5 **I'll think about it a little.** ▸ *Chotto*

☐ 6 **How would you like to pay?** ▸ *O-shiharai*

☐ 7 **May I pay by credit card? / May I pay in cash?** ▸ *Kādo / genkin*
• in cash → *genkin de*

☐ 8 **This is a present. Would you wrap it please?** ▸ *~ te moraemasu ka?*
• to wrap → *tsutsumu*

One Point Advice

- Many Japanese stores will gift wrap free of charge. However, it will often then be wrapped distinctively in the store's wrapping paper. Inexpensive wrapping materials can usually be found in the local hundred yen shop.

1 申し訳(もうわけ)ありません。こちらに出(で)ているだけとなっております。
Mōshiwake-arimasen. Kochira ni dete iru dake to natte orimasu.

2 お取(と)り寄(よ)せになりますが、いかがなさいますか。——じゃ、お願(ねが)いします。
Otoriyose ni narimasu ga, ikaga-nasaimasu ka?—Ja, onegai-shimasu.
★ *toriyosemasu* = order, send away for

3 このズボンはきつすぎます。
Kono zubon wa kitsu-sugimasu.
★ *zubon* = trousers

4 わかりました。じゃ、これにします。
Wakarimashita. Ja, kore ni shimasu.

5 ちょっと考(かんが)えます。
Chotto kangaemasu.

6 お支払(しはらい)はどうなさいますか。
O-shiharai wa dō nasaimasu ka?
★ *(o)shiharai* = payment

7 カードでいいですか。／現金(げんきん)でお願(ねが)いします。
Kādo de ii desu ka? / Genkin de onegai-shimasu.
★ *Kādo* = card, credit card

8 プレゼントなので、包(つつ)んでもらえますか。
Purezento nanode, tsutsunde moraemasu ka?

09 At a supermarket or convenience store

スーパー・コンビニで

sūpā / konbini de

★ Japan' s convenience stores are definitely convenient. They provide a wide range of products and services.

- ☐ 1 **Excuse me, where is the olive oil, please.** ▸ *~ wa doko desu ka?*

- ☐ 2 **When does this have to be eaten by?** ▸ *Kore wa ~ ka?*

- ☐ 3 **How long will this last after the packet has been opened?** ▸ *Akete kara*
  - last → *mochimasu*

- ☐ 4 **It will be fine in the refrigerator for a week.** ▸ *Reizōko de*
  - be fine → *daijōbu*

- ☐ 5 **Would you like a bag? — No, thank you.** ▸ *Rejibukuro ni*
  - (plastic grocery)bag → *reji bukuro*

- ☐ 6 **Do you have a (point) card for ABC super-market?** ▸ *~ omochi desu ka?*

- ☐ 7 **Would you like this heated? — Yes, please.** ▸ *Kochira wa ~ ka?*
  - to heat → *atatamemasu*

- ☐ 8 **I'd like to send this via courier please.** ▸ *okuru*
  - courier → *takuhaibin*

One Point Advice

- Convenience stores offer a wide variety of services. In addition to purchasing food and beverages, you can pay your utility bills, buy concert and event tickets, and send packages around the country.

CD-2

1 すみません、オリーブオイルはどこですか。
Sumimasen, orībuoiru wa doko desu ka?

2 これはいつまで食(た)べられますか。
Kore wa itsu made taberaremasu ka?

3 開(あ)けてからどのくらいもちますか。
Akete kara dono kurai mochimasu ka?

★ *akemasu* = open
★ *mochimasu* = keep

4 冷蔵庫(れいぞうこ)で1週間(しゅうかん)は大丈夫(だいじょうぶ)です。
Reizōko de isshūkan wa daijōbu desu.

5 レジ袋(ふくろ)にお入(い)れしますか。
——いえ、結構(けっこう)です。
Rejibukuro ni oire-shimasu ka?—Ie, kekkoo desu.

★ *iremasu* = put in
★ *oire-shimasu*
= *o* + V-*masu* + *shimasu*
[honorific]

6 ABC スーパーのカードはお持(も)ちですか。
ABCsūpā no kādo wa omochi desu ka?

★ *omochi desu ka*
= *o* + V-*masu* + *desu*
[honorific]

7 こちらは温(あたた)めますか。——お願(ねが)いします。
Kochira wa atatamemasu ka?—Onegai-shimasu.

8 宅配便(たくはいびん)を送(おく)りたいんですが。
Takuhaibin o okuritain desu ga.

10 At a shop such as an electronics store

家電量販店などで *kaden ryōhanten nado de*

(furigana: か でんりょうはんてん)

★ Bargaining is uncommon in Japan, but you can sometimes negotiate the price of electrical appliances. See what happens when you try these phrases!

☐ 1 **What is the difference between this and this?** ▸ *Kore to kore*
• What is the difference → *doko ga chigaimasu ka*

☐ 2 **It doesn't matter if it is a little old, I'd like the cheaper one.** ▸ *~ hō ga ii*
• It doesn't matter if ~ → *~temo ii*

☐ 3 **Can you make it any cheaper?** ▸ *Mō sukoshi*

☐ 4 **I'll buy it for ¥70,000.** ▸ *~ dattara*

☐ 5 **How long is the warranty?** ▸ *Hoshō kikan*

☐ 6 **Could you send it to my house, please?** ▸ *Jitaku made*
• Could you ~ ? → *~te moraemasu ka?*

☐ 7 **When will it arrive?** ▸ *Itsu*

☐ 8 **This doesn't work. Could I exchange it, please?** ▸ *furyōhin* ▸ *kōkan*

One Point Advice

- 「〜だったら買(か)うんですが」 is a phrase used when bargaining. The culture of bargaining is much more common in Osaka than Tokyo. Nevertheless, you may still get a good deal if you try to bargain on electrical appliances In Tokyo.

1 これとこれは、どこが違(ちが)うんですか。
Kore to kore wa, doko ga chigau n desu ka?

2 少(すこ)し古(ふる)くてもいいので、安(やす)いほうがいいです。
Sukoshi furuku temo ii node, yasui hō ga ii desu.

3 もう少(すこ)し安(やす)くなりませんか。
Mō sukoshi yasuku narimasen ka?

4 7万円(まんえん)だったら買(か)うんですが。
7-man-en dattara kau n desu ga.

5 保証期間(ほしょうきかん)はどのくらいですか。
Hoshō-kikan wa donokurai desu ka?

★ *hoshōkikan* = warranty

6 自宅(じたく)まで送(おく)ってもらえますか。／配送(はいそう)してもらえますか。
Jitaku made okutte moraemasu ka? / Haisō shite moraemasu ka?

★ *jitaku* = my house

7 いつ、届(とど)きますか。
Itsu, todokimasu ka?

★ *todokimasu* = arrive

8 これ、不良品(ふりょうひん)だったんです。交換(こうかん)してもらえますか。
Kore, furyōhin datta n desu. Kōkan shite moraemasu ka?

At a drug store

薬局(やっきょく)で *yakkyoku de*

★ The drug store is the place to go, with even just the slightlest cold.

☐ 1 **When should I take this medicine?** ▶ *itsu ～ ka?*
•take medicine → *kusuri o nomimasu*

☐ 2 **Three times a day, after meals (breakfast, lunch & dinner).** ▶ *Asa, hiru, ban*
•~times a day → *ichinichi ~kai*

☐ 3 **There are two white tablets, and one blue capsule.** ▶ *Shiroi o-kusuri*
•one tablet/capsule/pill → *ichi jō*

☐ 4 **Do you have something good for a sore stomach?** ▶ *Ii ～ ka?*

☐ 5 **I'd like a painkiller, please.** ▶ *Itamidome*
•I'd like ~ please. → *~ ga hoshī n desu ga.*

☐ 6 **I'd like one that will act quickly.** ▶ *Hayaku kiku*
•I'd like ~. → *~ ga ii desu.*

☐ 7 **Do you have something that is good for hay fever?** ▶ *Kafunshō*
•Do you have ~(commodities) ? → *~wa arimasen ka?*

☐ 8 **Will I get sleepy if I take this medicine?** ▶ *Kono kusuri wa ～ ka?*
•if ~ → *~to, ~tara, ~dara*

One Point Advice

- There is such a wide range of treatments and medicines available at drugstores that it can be very difficult to find what you are looking for, and even more difficult to know if it is suitable. In this case the phrases「～はありますか／ありませんか」、「～がほしいんですが」are very useful because the shop assistant will show you what you need and explain how to take it. Only properly qualified personnel are permitted to sell some drugs. Therefore, if that person is not on duty that section of the store may be closed and no-one will be able to sell you those medicines.

CD-2 14

1 この薬(くすり)はいつ飲(の)みますか。／この薬(くすり)はいつ飲(の)めばいいですか。
Kono kusuri wa itsu nomimasu ka? / Kono kusuri wa itsu nome ba ii desu ka?

2 朝(あさ)・昼(ひる)・晩(ばん)、一日(いちにち)３回(かい)、食後(しょくご)に飲(の)んでください。
Asa, hiru, ban, ichi-nichi 3-kai, shokugo ni nonde kudasai.

3 白(しろ)いお薬(くすり)が２錠(じょう)、青(あお)いカプセルが１錠(じょう)です。
Shiroi o-kusuri ga 2-jō, aoi kapuseru ga 1-jō desu.

4 お腹(なか)が痛(いた)いんです。いい薬(くすり)はありますか。
Onaka ga itai n desu. Ii kusuri wa arimasu ka?

★ *onaka ga itai* = sore stomach

5 痛(いた)み止(と)めの薬(くすり)がほしいんですが。
Itamidome no kusuri ga hoshī n desu ga.

★ *itamidome (no kusuri)* = painkiller

6 早(はや)く効(き)くのがいいです。
Hayaku kiku noga ii desu.

★ *hayaku kikimasu* = act quickly

7 花粉症(かふんしょう)に効(き)くいい薬(くすり)はありませんか。
Kafunshō ni kiku ii kusuri wa arimasen ka?

★ *kafunshō* = hay fever

8 この薬(くすり)は、飲(の)むと眠(ねむ)くなりますか。
Kono kusuri wa, nomu to nemuku narimasu ka?

★ *nemuku narimasu* = get sleepy

At a hospital

病院で byōin de

びょういん

★ Describing your symptoms well, will lead to better treatment.

☐ **1** **May I see the doctor today? What time do you close?** ▶ *shinsatsu*

☐ **2** **I don't have my health insurance card. May I still see a doctor?** ▶ *hokenshō* ▶ *jushin*

• May I ~? → *~shite mo ii desu ka / ~dekimasu ka*

☐ **3** **How have you been feeling?** ▶ *Dō ~ ka?*

☐ **4** **I've had the shivers since yesterday.** ▶ *~ ga suru*

☐ **5** **I have a headache.** ▶ *Zutsū*

☐ **6** **I'm nauseous.** ▶ *Hakike*

☐ **7** **I don't feel well.** ▶ *Kibun*

☐ **8** **I feel dizzy occasionally.** ▶ *Tokidoki*

☐ **9** **How is your appetite? — I don't really have one.** ▶ *Shokuyoku*

• How is ~? → *~ wa dō desu ka*

One Point Advice

- Japan does not have a well established "GP" or "Primary Care Provider" system. Instead people visit a specialist. For a skin condition you would go to a dermatologist, a child would go to a paediatrician, if you break a bone you visit an orthopaedic specialist etc. There are plenty of English speaking doctors should you need one.

1 今日(きょう)は診察(しんさつ)はしていますか。何時(なんじ)までですか。
Kyō wa shinsatsu wa shite imasu ka? Nanji made desu ka?
★ *shinsatsu-shimasu* = examine (a patient)

2 今(いま)、保険証(ほけんしょう)を持(も)っていないんですが、受診(じゅしん)できますか。
Ima, hokenshō o motteinai n desu ga, jushin-dekimasu ka?
★ *kenkō hokenshō* = health insurance

3 どうされましたか。
Dō saremashita ka?

4 昨日(きのう)から寒気(さむけ)がするんです。
Kinō kara samuke ga suru n desu.
★ *samuke ga shimasu* = feel a chill

5 頭痛(ずつう)がします。／頭(あたま)が痛(いた)いです。
Zutsū ga shimasu. / Atama ga itai desu.

6 吐(は)き気(け)がします。
Hakike ga shimasu.

7 気分(きぶん)が悪(わる)いです。
Kibun ga warui desu.
★ kibun ga warui = feel bad

8 ときどきめまいがします。
Tokidoki memai ga shimasu.
★ *memai ga shimasu* = feel dizzy

9 食欲(しょくよく)はどうですか。――あまりありません。
Shokuyoku wa dō desu ka? —Amari arimasen.

13 At a post office, bank or government office ①

郵便局・銀行・役所で①

ゆうびんきょく　ぎんこう　やくしょ

yūbinkyoku/ginkō/yakusho de ①

★ These are places you will visit often if you live in Japan.

☐ 1 **I'd like to send this package air mail to Sydney.**
▶ *Kono nimotsu*
▶ *kōkubin*
▶ *～ made*

☐ 2 **I'd like to send this EMS to Singapore.**
▶ *Kore o*

☐ 3 **How long does it take by air mail?**
• How long does it take ~? → *(dorekurai, nan-nichi kurai) kakarimasu ka?*
• by → *~de, ~dato*
▶ *Kōkubin dato ～ ka?*

☐ 4 **I'd like five, 90-yen stamps please.**
• I'd like ~ please? → *~ o kudasai.*
▶ *90-en kitte*

☐ 5 **Please send this express mail.**
▶ *sokutatsu*

☐ 6 **Please send this registered mail.**
▶ *Kakitome*

☐ 7 **I'd like to open a savings account.**
▶ *Kōza o*

☐ 8 **I'd like to have my rent automatically deducted.**
• Have X ~(p.p.) → *X o ~ ni shitai.*
▶ *Yachin o*

One Point Advice

- A post office provides many services. If you are posting items, inquire if they have any "memorial stamps" they are usually prettier and more interesting than the regular stamps. If you like to collect stamps there are many different ones to collect throughout the year.

1 この荷物を航空便でシドニーまで送りたいんですが。
にもつ こうくうびん おく
Kono nimotsu o kōkūbin de Shidonī made okuritain desu ga.

2 これを EMS でシンガポールまで送りたいんですが。
おく
Kore o EMS de Shingapōru made okuritain desu ga.

3 航空便だと何日くらいかかりますか。
こうくうびん なんにち
Kōkūbin dato nan-nichi kurai kakarimasu ka?

★ *kōkūbin* = air mail

4 90 円切手を 5 枚ください。
えんきって まい
90-en kitte o 5-mai kudasai.

★ *kitte* = stamp

5 これを速達でお願いします。
そくたつ ねが
Kore o sokustatsu de onegai-shimasu.

★ *sokutatsu* = express mail

6 書留にしてください。
かきとめ
Kakitome ni shite kudasai.

★ *kakitome* = registered mail

7 口座を開きたいんですが。
こうざ ひら
Kōza o hirakitain desu ga.

★ *kōza* = savings account

8 家賃を自動引き落としにしたいのですが。
やちん じどうひ お
Yachin o jidō-hikiotoshi ni shitai no desu ga.

★ *yachin* = rent
★ *jidō hikiotoshi* = automatically deducted

14 At a post office, bank or government office ②

郵便局・銀行・役所で② *yūbinkyoku/ginkō/yakusho de ②*

ゆうびんきょく ぎんこう やくしょ

★ If you can access information at your local city (or ward) office, it opens doors to inexpensive (or even free) language classes and other fun events.

☐ 1 **What is the rate for US$1 right now?** ▶ *Ima, 1-doru*
• What is the rate for ~ → *~ wa ikura desu ka?*

☐ 2 **Please show me how to use the ATM.** ▶ *ATM no*
• Please show me ~ → *~ o oshiete kudasai.*

☐ 3 **Can I transfer money using the ATM?** ▶ *ATM de*
• Can I ~ → *~wa/ga dekimasu ka?*

☐ 4 **I'd like to renew my residence card.** ▶ *Zairyū-kādo*
• I'd like to ~ → *~tai no/n desu ga.*

☐ 5 **Please fill in this form.** ▶ *Kono shorui*
• fill in → *kinyuu-shimasu*

☐ 6 **I really don't know how to fill in this form.** ▶ *Kakikata*
• I don't know how ~. → *~ ga wakaranai desu.*

☐ 7 **Can I speak to someone in English?** ▶ *Eigo de ～ ka?*

☐ 8 **Is there a course in Japanese?** ▶ *Nihongo no*

One Point Advice

- I someone says「～にお願(ねが)いします」or「～をお願(ねが)いします」to you, they are most likely asking you to do something or go somewhere.
- Banking services are provided through the post office, and cash can be sent via registered mail. Bills can be paid in person at the post office and if you have a bank account you can arrange automatic deductions.

CD-2

1 今(いま)、1ドルいくらですか。／今(いま)、1ドル何円(なんえん)ですか。
Ima, 1-doru ikura desu ka? / Ima, 1-doru nan-en desu ka?

2 ATMの使(つか)い方(かた)を教(おし)えてください。
ATM no tsukai-kata o oshiete kudasai.
★ *tsukai-kata* = how to use

3 ATMで振(ふ)り込(こ)みができますか。
ATM de furikomi ga dekimasu ka?
★ *furikomimasu* = transfer monery

4 在留(ざいりゅう)カードの更新(こうしん)をしたいのですが。
Zairyū-kādo no kōshin o shitai no desu ga.
★ *kōshin-shimasu* = renew
★ *zairyū kādo* = residence card

5 この書類(しょるい)にご記入(きにゅう)ください。
Kono shorui ni go-kinyū kudasai.
★ [go+*V-masu kudasai*] = a form of honorifics

6 書(か)き方(かた)がよくわからないのですが。
Kakikata ga yoku wakaranai no desu ga.

7 英語(えいご)で相談(そうだん)できますか。
Eigo de sōdan dekimasu ka?
★ *Sōdan-shimasu* = inquire, ask, consult

8 日本語(にほんご)の講座(こうざ)はありますか。
Nihongo no kōza wa arimasu ka?

15 At a university

大学で① daigaku de ①

だいがく

★Come and study as an overseas student in Japan!

☐ 1 **Can anyone take this class?** ▶ *Kono jugyō*

• Can anyone ~? → *dare demo ~dekimasu ka?*

☐ 2 **I'd like to take this course.** ▶ *Kono kōza*

• I'd like to ~ → *~tai no/n desu ga*

☐ 3 **What is the last date for registering for courses?** ▶ *Rishū-tōroku*

☐ 4 **When is the report due?** ▶ *Repōto* ▶ *~ wa itsu desu ka*

☐ 5 **Would you be so kind as to please look at my report?** ▶ *Repōto*

• Would you ~? → *~ itadakemasen ka / ~itadaitemo ii desu ka*

☐ 6 **I will come to your office at 3 o'clock tomorrow.** ▶ *Asatte 15-ji ni*

☐ 7 **Thank you for your help (guidance).** ▶ *Go-shidō*

One Point Advice

- At Japanese univerisities, there are many opportunites to seek advice from supervisors about study and research. On these occasions it is important to make appointments, know what you would like to discuss and then thank the person for helping you.

1 この授業は誰でも受けられますか。
じゅぎょう　だれ　う
Kono jugyō wa dare demo ukeraremasu ka?

★ *jugyō o ukemasu* = take a class

2 この講座を受けたいんですが。
こうざ　う
Kono kōza o uketai n desu ga.

★ *kōza* = course

3 履修登録の受付はいつまでですか。
りしゅうとうろく　うけつけ
Rishū-tōroku no uketsuke wa itsu made desu ka?

★ *rishū-shimasu* = take
★ *tōroku-shimasu* = register

4 レポートの提出期限はいつですか。
ていしゅつ きげん
Repōto no teishutsu-kigen wa itsu desu ka?

★ *teishutsu-shimasu* = submit
★ *kigen* = deadline

5 レポートを見ていただいてもよろしいでしょうか。
み
Repōto o mite itadaite mo yoroshī deshō ka?

6 明後日15時に先生の研究室にうかがいます。
あさって　じ　せんせい　けんきゅうしつ
Asatte 15-ji ni sensei no kenkyūshitsu ni ukagaimasu.

★ *ukagaimasu* = come, visit [polite]

7 ご指導いただき、ありがとうございました。
しどう
Go-shidō itadaki, arigatō-gozaimashita.

★ *shidō-shimasu* = train, coach

16 At a university

大学で② daigaku de ②

だいがく

★ You must use the polite language when talking to your superiors, but try something a little less formal when talking with your peers.

☐ 1 **Are you going to class now?** ▶ *Korekara ～ ka?*

☐ 2 **Do you have class during second period tomorrow?** ▶ *Ashita ～ ka?*

☐ 3 **It looks like you can still register for this course.** ▶ *Kono kōza*
• It looks like that ~. → ~ *mitai desu.*

☐ 4 **Today's "International Communication" class was cancelled.** ▶ *Kyō no*

☐ 5 **Do you think you can you get credit?**
— No, I might drop it. ▶ *Tan-i wa ～ ka?*
• might ~ → *~kamoshiremasen* • credit → *tan-i*

☐ 6 **Prof. Mori is strict. So we can't afford to miss a class.** ▶ *Mori-sensei*
• miss a class → *kurasu o yasumimasu*

☐ 7 **Can I copy this please?** ▶ *Kore, chotto ～ ka?*
• Can I ~ ? → *~dekimasu ka, ~ te mo ii desu ka, ~sasete kuremasen ka*

☐ 8 **Susan is doing research in the library.** ▶ *～ te imasu*

One Point Advice

- Discussing a schedule is a common occurrence at university. The phrase「授業(じゅぎょう)に出(で)る」indicates that you are attending that class. The phrase「授業(じゅぎょう)が入(はい)っている」indicates that you have a class at that time.

1 これから授業(じゅぎょう)に出(で)るんですか。
Korekara jugyō ni derun desu ka?

2 明日(あした)の２限(げん)は授業入(じゅぎょうはい)って（い）ますか。
Ashita no 2-gen wa jugyō haitte masu ka?

3 この講座(こうざ)はまだ登録(とうろく)できるみたいですよ。
Kono kōza wa mada tōroku dekiru mitai desu yo.

★ *kōza* = course
★ *tōroku-shimasu* = register

4 今日(きょう)の「国際(こくさい)コミュニケーション」は休講(きゅうこう)です。
Kyō no "kokusai komyunikēshon" wa kyūkō desu.

★ *Kyūkō* = lecture cancellation

5 単位(たんい)は取(と)れそうですか。
――うーん、落(お)とすかもしれません。
Tan-i wa toresō desu ka? —Ūn, otosu kamo shiremasen.

6 森先生(もりせんせい)は厳(きび)しいから、授業(じゅぎょう)は休(やす)めません。
Mori-sensei wa kibishii kara, jugyō wa yasumemasen.

★ *kibishī* = strict

7 これ、ちょっとコピーさせてくれませんか。
Kore, chotto kopī sasete kuremasen ka?

8 スーザンは図書館(としょかん)で調(しら)べものをしています。
Sūzan wa toshokan de shirabemono o shite imasu.

★ shirabemono = examining something

At the office ①

会社(かいしゃ)で① *kaisha de* ①

★ Here are some words and phrases that are specific to an office environment. Learning them will make your work life easier.

☐ 1 **Hi. / How's it going?** ▶ *Otsukaresama*
(Expressing appreciation for one's work.)

☐ 2 **I'll be out of the office this afternoon.** ▶ *Gogo kara*
• be out → *gaishutsu-shimasu*

☐ 3 **What time do you think you will be back?** ▶ *Nan-ji ni ~ ka?*

☐ 4 **Would you please make five copies of each of these? — Yes, of course.** ▶ *Kore o ~ ka*
• Would you please ~ ? → *~te moraemasu/moraemasen ka?*

☐ 5 **OK, I'll go at lunch time.** ▶ *Ja, ohiru*

☐ 6 **I'm on my way to a meeting at Sakura advertisement.** ▶ *Sakura-kōkoku ni*

☐ 7 **Good bye, I'm going home. — Good bye.** ▶ *Osaki* ▶ *Otsukaresama*
(Excuse me for leaving before you.)

One Point Advice

- 「お疲(つか)れさまです」is a routine greeting in the work place. It can be used morning, noon and night when you meet people. 「お疲(つか)れさまでした」is a related greeting, but used when you leave for the day or complete a specific task.

1 お疲(つか)れさまです。
Otsukaresama desu.
★ *tsukaremasu* = be/get tired

2 午後(ごご)から外出(がいしゅつ)します。
Gogo kara gaishutsu shimasu.

3 何時(なんじ)に戻(もど)る予定(よてい)ですか。
Nan-ji ni modoru yotei desu ka?
★ *modorimasu* = be back, return

4 これを５部(ぶ)ずつコピーしてもらえますか。
——わかりました。
Kore o 5-bu zutsu kopī shite moraemasu ka?—Wakarimashita.
★ *5 bu* = 5 copies

5 じゃ、お昼(ひる)に行(い)ってきます。
Ja, ohiru ni itte kimasu.

6 さくら広告(こうこく)に打(う)ち合(あ)わせに行(い)ってきます。
Sakura-kōkoku ni uchiawase ni itte kimasu.
★ *uchiawase* = meeting

7 お先(さき)に失礼(しつれい)します。
——お疲(つか)れさまでした。
Osaki ni shitsurei shimasu.—Otsukaresama deshita.
★ *Shitsurē-shimasu* = I'm out of here. / I'm going home a little before you.

18

At the office ②

会社で② *kaisha de* ②

かいしゃ

★ The ability to communicate well will have positive results in the workplace.

☐ 1 **Will Mr. Brown be at the meeting, too?** ▶ *Braun-san mo ～ ka?*
• be at the meeting → *kaigi ni demasu*

☐ 2 **Was the meeting from 10 o'clock?** ▶ *Mīteingu wa ～ ka*

☐ 3 **It seems that the boss wants to change the meeting time to 3 o'clock.** ▶ *Buchō ga ～ sō desu*

☐ 4 **Is Miss Tanaka in the office?** ▶ *Tanaka-san wa ～ ka?*
• in the office → *shanai (ni imasu)*

☐ 5 **Do you have the name card for the person in charge?** ▶ *Tantōsha*

☐ 6 **Are there any problems? — No, none at the moment.** ▶ *Tokuni ～ ka?*
• at the moment → *ima no tokoro*

☐ 7 **I have something I would like to ask you about. Do you have a moment?** ▶ *Chotto ～ desu ga,*

One Point Advice

- The word「HOURENSOU」 used in a Japanese company derives from three different words. HOU from HOUKOKU (information). REN from RENRAKU (communication). SOU from SOUDAN (consult). It is considered important that you inform, communicate and consult with your bosses and colleagues at work.

1 ブラウンさんも会議(かいぎ)に出(で)るんですか。
Buraun-san mo kaigi ni deru n desu ka?

2 ミーティングは 10 時(じ)からでしたか。
Mītingu wa 10-ji kara deshita ka?

3 部長(ぶちょう)が打(う)ち合(あ)わせを 3 時(じ)に変更(へんこう)してほしいそうです。
Buchō ga uchiawase o 3-ji ni henkō shite hoshii sō desu.

★ *uchiawase* = meeting
★ *henkō-shimasu* = change

4 田中(たなか)さんは社内(しゃない)にいますか。
Tanaka-san wa shanai ni imasu ka?

5 担当者(たんとうしゃ)の名刺(めいし)を持(も)っていますか。
Tantōsha no meishi o motte imasu ka?

★ *tantōsha* = person in charge
★ *meishi* = name card

6 特(とく)に問題(もんだい)はないですか。
——ええ。今(いま)のところ、問題(もんだい)ないです。
Tokuni mondai wa nai desu ka? —Ē. Ima no tokoro, mondai nai desu.

★ *mondai* = problem

7 ちょっとお聞(き)きしたいことがあるんですが、今(いま)、いいですか。
Chotto okiki-shitai koto ga aru n desu ga, ima, ii desu ka?

19 Visiting a friend's or teacher's house

友達・先生の家を訪ねる tomodachi/sensei no ie o tazuneru

ともだち　せんせい　いえ　たず

★ The first time you visit someone's home can be a little nerve-wracking. These phrases will help put you (& your host) at ease.

☐ 1 **Hello, thank you for having me.** ▶ *Konnichiwa.*

☐ 2 **Mr. Tanaka is always giving me lots of help.** ▶ *Tanaka-san niwa*

☐ 3 **Would you like tea or coffee?** ▶ *Kōhi*
• Would you like~? → ~ *(wa) ikaga desu ka?*

☐ 4 **(I'd like) coffee please.** ▶ *Ja, kōhi o ~*

☐ 5 **What would you like to drink? — (I'd like) tea please.** ▶ *Nani o ~ ka?*
• What would you like to ~? → *Nani ga ~tai desu ka / nani o ~masu ka?*

☐ 6 **Thank you very much for inviting me here today.** ▶ *Kyō wa*
• Thank you for ~ing. → *~te itadaki, arigatō gozaimasu.*

☐ 7 **I'll be leaving shortly.** ▶ *Dewa*
• I'll be leaving → (polite) *shitsurē-shimasu*

☐ 8 **Thank you for having me.** ▶ *Dōmo*

One Point Advice

- 「おじゃします」 is used when you enter someone's house and 「おじゃましました」 is used when you leave. The literal translation is "I will disturb you" and "I have disturbed you". The phrase 「いつもお世話(せわ)になっています」 is also often used. On this occasion you are telling the person that you want to continue your good relationship with them.

1 こんにちは。おじゃまします。
Konnichiwa. Ojama-shimasu.

2 田中(たなか)さんには、いつもお世話(せわ)になっています。
Tanaka-san niwa, itsumo osewa ni natte imasu.
★ *sewa ni narimasu* = be helped, be supported

3 コーヒーか紅茶(こうちゃ)はいかがですか。
Kōhī ka kōcha wa ikaga desu ka?
★ *ikaga* = *dō* [polite]

4 じゃ、コーヒーをお願(ねが)いします。
Ja, kōhī o onegai-shimasu.

5 何(なに)を飲(の)みますか。——じゃ、お茶(ちゃ)をお願(ねが)いします。
Nani o nomimasu ka? —Ja, ocha o onegai-shimasu.

6 今日(きょう)はお招(まね)きいただき、ありがとうございました。
Kyō wa o-maneki itadaki, arigatō gozaimashita.
★ *manekimasu* = invite

7 では、そろそろ失礼(しつれい)します。
Dewa, sorosoro shitsurei-shimasu.
★ *sorosoro* = sortly

8 どうもおじゃましました。
Dōmo ojama-shimasita.

20 With host family

ホストファミリーと *hosuto familī to*

★ Staying with a Japanese host family will create life-long memories. If you get the chance, take it.

☐ 1 **I am Jones. I am very much looking forward to staying at your house.** ▶ *Korekara*

☐ 2 **What time do you all wake up?** ▶ *Minasan wa ~ ka?*

☐ 3 **About what time is dinner usually?** ▶ *Bangohan wa ~ ka?*
• about what time → nanji goro

☐ 4 **Please tell me about any household rules you may have.** ▶ *Nanika*
• Please tell me~ → *~o oshiete kudasai / itte kudasai*

☐ 5 (Looking at a photo) **Who is this person?** ▶ *Kono ~ ka?*
• Who is~? → *~wa dare desu ka?*

☐ 6 **I'll be a little late home today.** ▶ *Kyō wa*

☐ 7 **I'm sorry that you were worried about me.** ▶ *Shinpai*
• I'm sorry that~ → *~te sumimasen deshita*

☐ 8 **Thank you very much for treating me as if I was a member of your family.** ▶ *Honto no kazoku*
• Thank you for~ → *~te kurete/itadaite arigatō gozaimashita.*
• as if ~ → *~yō ni*

One Point Advice

- If you ever stay with a Japanese host family it is worth asking them to clarify their house rules and expectations. It tells your hosts that you want to fit in and inconvenience them as little as possible. Plus, it will help to avoid embarrassing and unexpected problems that may arise through cultural misunderstandings.

1 これからお世話(せわ)になりますジョーンズです。よろしくお願(ねが)いします。
★ *sewa ni narimasu* = be helped / supported
Korekara osewa ni narimasu Jōnzu desu. Yoroshiku onegai-shimasu.

2 皆(みな)さんはいつも何時(なんじ)に起(お)きますか。
Mina-san wa itsumo nan-ji ni okimasu ka?

3 晩(ばん)ご飯(はん)はいつも何時頃(なんじごろ)ですか。
Bangohan wa itsumo nan-ji goro desu ka?

4 何(なに)か家(いえ)のルールがあったら教(おし)えてください。
Nanika ie no rūru ga attara oshiete kudasai.

5 〈写真(しゃしん)を見(み)ながら〉この人(ひと)は誰(だれ)ですか。
★ *shashin* = photo
(Shashin o minagara) *Kono hito wa dare desu ka?*

6 今日(きょう)はちょっと帰(かえ)りが遅(おそ)くなります。
Kyō wa chotto kaeri ga osoku narimasu.

7 心配(しんぱい)をかけて、すみませんでした。
★ *shinpai o kakemasu* =worry someone
Shinpai o kakete, sumimasen deshita.

8 本当(ほんとう)の家族(かぞく)のように接(せっ)してくれて、ありがとうございました。
★ *hontō* = real, true
★ *(~ni/to) sesshimasu* = treat ~
Hontō no kazoku no yōni sesshite kurete, arigatō gozaimashita.

21 At a real estate agent

不動産屋で *fudōsanya de*

★ Since you will live there for several years, there is no need to compromise, ask for what you want.

☐ 1 **I'm looking for an apartment around here that I can live in by myself.** ▸ *Kono hen de*

☐ 2 **What kind of place are you looking for?** ▸ *Donna ~ ka?*
• What kind of ~ → *donna ~*

☐ 3 **What kind of place would you like?** ▸ *Donna ~ ka?*

☐ 4 **I'd like it to be bright and spacious.** ▸ *Akarukute*

☐ 5 **I prefer a quiet location.** ▸ *Shizukana tokoro*
• I prefer... → *hō ga ii desu*

☐ 6 **I would prefer to be close to the station.** ▸ *Eki kara chikai*
• be close to~ → *~ni/kara chikai*

☐ 7 **I'd like to be less than a 10 minute walk from the station.** ▸ *toho*
• less than~ → *~inai*

☐ 8 **I'd like to see this room, please.** ▸ *Kono heya*
• I'd like to ~ → *~tai no/n desu(ga).*

One Point Advice

- It is important to explain clearly to the real estate agents, the kind of accommodation you are looking for. They will do their best to fulfil your request. The phrases「～がいいです」「～のほうがいいです」are useful to describe what you want.
- When looking for accommodation, be sure to ask about any fees that are not included in the monthly rent. These may include a deposit, a gift to the landlord, real estate agent fees, maintenance fees and contract renewal fees.

CD-2 24

1 この辺(へん)で、一人暮(ひとりぐ)らしの部屋(へや)を探(さが)しているんですが。
Kono hen de, hitori-gurashi no heya o sagashite iru n desu ga.
★ *sagashimasu* = look for

2 どんな部屋(へや)をお探(さが)しですか。
Donna heya o o-sagashi desu ka?

3 どんな部屋(へや)をご希望(きぼう)ですか。
Donna heya o go-kibō desu ka?

4 明(あか)るくて、広(ひろ)い部屋(へや)がいいです。
Akarukute, hiroi heya ga ii desu.
★ *akarui* = bright

5 静(しず)かなところのほうがいいです。
Shizukana tokoro no hō ga ii desu.

6 駅(えき)から近(ちか)いほうがいいです。
Eki kara chikai hō ga ii desu.

7 駅(えき)から徒歩(とほ) 10分(ぷん)以内(いない)のところがいいです。
Eki kara toho 10-pun inai no tokoro ga ii desu.
★ *toho(de)* = on foot

8 この部屋(へや)を見(み)てみたいんですが。
Kono heya o mite mitai n desu ga.
★ *~te mimasu* = try ~ing

22 Talking with neighborhood

近所の人と話す kinjo no hito to hanasu

きんじょ ひと はな

★ Japan has a saying "A neighbor is better than a relative living far". It is important to get along with your neighbors.

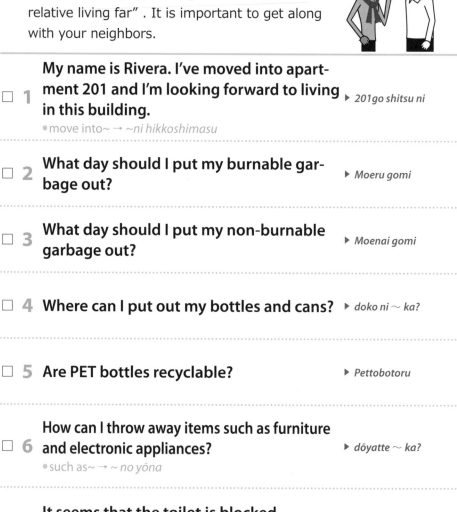

☐ 1 **My name is Rivera. I've moved into apartment 201 and I'm looking forward to living in this building.** ▸ *201go shitsu ni*

• move into~ → *~ni hikkoshimasu*

☐ 2 **What day should I put my burnable garbage out?** ▸ *Moeru gomi*

☐ 3 **What day should I put my non-burnable garbage out?** ▸ *Moenai gomi*

☐ 4 **Where can I put out my bottles and cans?** ▸ *doko ni ～ ka?*

☐ 5 **Are PET bottles recyclable?** ▸ *Pettobotoru*

☐ 6 **How can I throw away items such as furniture and electronic appliances?** ▸ *dōyatte ～ ka?*

• such as~ → *~ no yōna*

☐ 7 **It seems that the toilet is blocked.** ▸ *Toire*

• It seems that~ → *~ yō desu.*

One Point Advice

- The disposing of garbage varies throughout the country and may differ between neighboring towns. It is important that you dispose of your garbage in the manner required by your town. Understanding the rules and following them will be appreciated by your neighbors. Not following the guidelines, may result in damaged community relationships.

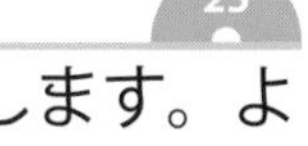

1 201号室に引っ越してきました、リベラと申します。よろしくお願いします。
201 gō shitsu ni hikkoshite kimashita, Ribera to mōshimasu. Yoroshiku onegai shimasu.

2 燃えるごみは何曜日に出すんですか。
Moeru gomi wa nan yōbi ni dasu n desu ka?
★ *moeru (moyaseru) gomi* = burnable garbage

3 燃えないごみは何曜日に出すんですか。
Moenai gomi wa nan yōbi desu ka?
★ *moenai (moyasenai) gomi* = non-burnable garbage

4 びんや缶はどこに出したらいいですか。
Bin ya kan wa doko ni dashitara ii desu ka?
★ *(gomi o) dashimasu* = put out garbage

5 ペットボトルは資源ごみですか。
Pettobotoru wa shigen gomi desu ka?
★ *shigen gomi* = recyclable (garbage)

6 家具や電気製品のようなごみは、どうやって捨てるんですか。
Kagu ya denki sēhin no yōna gomi wa, dōyatte suteru n desu ka?
★ *kagu* = furniture

7 トイレが詰まってしまったようです。
Toire ga tsumatte shimatta yō desu.
★ *tsumarimasu* = be clogged

23 Talking on the phone ① ~ with friends or teachers

Denwa de hanasu ①~ tomodashi/sensei to

★ Learn the language you need to communicate with friends on the phone.

☐ 1 **Hello. This is Rivera.** ▸ *Hai, ~ desu*
• Hello → *moshimoshi* (phone conversation)

☐ 2 **Hello. Is that Rivera? This is Tanaka.** ▸ *Moshimoshi*

☐ 3 **Excuse me, Tanaka who?** ▸ *Shitsurei desuga*
• Tanaka, who? → *dochira no Tanaka-san desu ka?*

☐ 4 **Excuse me. Are you sure you dialed the right number?** ▸ *bangō o ~ ka?*

☐ 5 **Hello, this is Rivera. Is Miss Suzuki home, please?** ▸ *go-zaitaku*
• this is ~(name) → *~ to mōshimasu* (polite)

☐ 6 **I apologize for interrupting your evening.** ▸ *Yabun ni*
• I apologize for~ → *mōshiwake arimasen* (polite)

☐ 7 **Do you have time right now?** ▸ *Ima ~ ka?*

☐ 8 **I will be in touch.** ▸ *Dewa/Ja*
• to be in touch → *renrakushimasu*

☐ 9 **(When the phone is hung up.) Good bye.** ▸ *Dewa/Ja*

One Point Advice

- 「もしもし」 is only used in telephone conversations. It is a very common way to answer when you first answer a phone call.

1 はい、リベラです。
Hai, Ribera desu.

2 もしもし、リベラさん？　田中（たなか）ですが。
Moshimoshi, Ribera-san? Tanaka desu ga.

3 失礼（しつれい）ですが、どちらの田中（たなか）さんですか。
Shitsurei desu ga, dochira no Tanaka-san desu ka?

4 失礼（しつれい）ですが、番号（ばんごう）をお間違（まちが）えではないでしょうか。
Shitsurei desu ga, bangō o o-machigae dewa nai deshō ka?
★ *machigaemasu* = *mistake*

5 リベラと申（もう）しますが、鈴木先生（すずきせんせい）はご在宅（ざいたく）でしょうか。
Ribera to mōshimasu ga, Suzuki-sensei wa go-zaitaku deshō ka?
★ *zaitaku* = be at home

6 夜分（やぶん）に申（もう）し訳（わけ）ありません。
Yabun ni mōshiwake arimasen.
★ *yabun ni* = in the evening [polite]

7 今（いま）、お時間（じかん）よろしいですか。／今（いま）、時間（じかん）、大丈夫（だいじょうぶ）？
Ima o-jikan yoroshī desu ka? / Ima jikan daijōbu?

8 じゃ、また連絡（れんらく）するね。
Ja, mata renraku-suru ne.

〈電話（でんわ）を切（き）るとき〉
9 じゃ、失礼（しつれい）します。／では、失礼（しつれい）いたします。
Ja, shitsurei-shimasu. / Dewa shitsurei itashimasu.

Talking on the phone ②~ At a workplace

電話で話す②～職場で Denwa de hanasu ②~ shokuba de

★ Although you are speaking on the phone, the language in an office situation, is different from when talking to friends.

□	1	**May I speak to Mr. Tanaka, please? — Yes, one moment please.** • May I speak to ~? → *~san o onegai shimasu* • one moment please → *shōshō omachi kudasai*	▸ *Tanaka-san*
□	2	**Would you please connect me to Mr. Tanaka in the sales department?**	▸ *Eigyo-bu no*
□	3	**Yes, I'll put you through. Please wait a moment.**	▸ *O-tsunagi shimasu*
□	4	**I'm sorry, but Mr.Tanaka is on anther line right now.** • be on another line → *hoka no denwa ni dete imasu*	▸ *Mōshiwake ari-masen,* ▸ *tadaima*
□	5	**I'm sorry. Mr.Tanaka is not at his desk at the moment. Can I ask him to call you back?** • be not at one's desk → *seki o hazushite imasu*	▸ *orikaeshi*
□	6	**Tanaka is in a meeting at the moment. Is it urgent?** • be in a meeting → *kaigi chū*	▸ *~ desuga, …ka?*
□	7	**Would you like to leave a message?**	▸ *Yoroshikereba*

One Point Advice

- You will often hear the phrase「おまたせしました。～です。」When you call a company or shop. Even if the caller has not waited very long, the recipient is acknowledging the wait.

1 田中さんをお願いします。
——少々お待ちください。
Tanaka-san o o-negai-shimasu. Shōshō o-machi kudasai.
★ *shōshō* = *sukoshi* [polite]

2 営業部の田中さんにお取り次ぎいただけますでしょうか。
Eigyō-bu no Tanaka-san ni o-toritsugi itadakemasu deshō ka?
★ *Eigyō-bu* = department of sales
★ *toritsugimasu* = connect to

3 おつなぎしますので、このままでお待ちください。
O-tsunagi shimasu node, konomama de o-machi kudasai.
★ *tunagimasu* = connect to

4 申し訳ありません。田中はただ今ほかの電話に出ておりますが…。
Mōshiwake arimasen. Tanaka wa tadaima hoka no denwa ni dete orimasu ga ...
★ *hoka no* = another

5 田中はただ今席をはずしておりますが、折り返しお電話させましょうか。
Tanaka wa tadaima seki o hazushite orimasu ga, orikaeshi o-denwa sasemashō ka。
★ *tadaima* = *ima* [polite]
★ *orikaeshi denwa-shimasu* = call back

6 田中はただ今会議中ですが、お急ぎでしょうか。
Tanaka wa tadaima kaigi chū desuga, o-isogi deshō ka?
★ *isogi* = haste, urgent

7 よろしければ、ご伝言を承りますが…。
Yoroshikereba, go-dengon o uketamawari masuga…
★ *dengon* = message
★ *uketamawarimasu* = receive, listen

Talking on the phone ③~ At a workplace

電話で話す③~職場で Denwa de hanasu ③~ shokuba de

でんわ　はな　しょくば

★ Honorific language is essential in the office and especially when talking to a customer on the phone.

☐ 1 **Mr.Tanaka is out of the office at the moment. He is due back around 3 o'clock.**
• be out of the office → *gaishutsu shite imasu*
▶ *tadaima*
▶ *yotei desu*

☐ 2 **What time will he be back?**
▶ *Nan-ji goro ~ ka?*

☐ 3 **Could you ask him to call me when he gets back, please?**
• ~when one gets back → *omodori ni nattara* (honorific: *modottara*) ~
▶ *O-modori ni nattara*

☐ 4 **Hello, (I have a message that) you called me?**
▶ *Sumimasen,*

☐ 5 (About an inquiry).
Let me check. Just a moment please.
• Let me check → *oshirabe-shimasu (honorific: shirabema-su)*
▶ *O-shirabe shimasu*

☐ 6 **I'll transfer you to the person in charge. Just a minute, please.**
▶ *Tantō no mono*

☐ 7 **I'm sorry. Could you say that again, please?**
▶ *Sumimasen, mōichido*

One Point Advice

- The phrase「お電話(でんわ)が遠(とお)いようです (literally "the phone is far away")」is used when you cannot hear the person at the other end. If you use「聞(き)こえません ("I can't hear you")」you may be misinterpreted as disagreeing with the person you are speaking to.

1 田中(たなか)はただ今外出(いまがいしゅつ)しておりまして、3時(じ)に戻(もど)る予定(よてい)です。
Tanaka wa tadaima gaishutsu-shite orimashite, 3ji ni modoru yotei desu.

2 何時(なんじ)ごろにお戻(もど)りでしょうか。
Nan-ji goro ni o-modori deshō ka?

★ *modorimasu* = be back

3 お戻(もど)りになったらお電話(でんわ)をいただきたいのですが。
O-modori ni nattara o-denwa o itadakitai no desu ga…

4 すみません、お電話(でんわ)をいただいたそうで。
Sumimasen, o-denwa o itadaita sō de.

5 〈問(と)い合(あ)わせに〉お調(しら)べしますので、少々(しょうしょう)お待(ま)ちください。
O-shirabe shimasu node, shōshō o-machi kudasai.

★ *shirabemasu* = check

6 担当(たんとう)の者(もの)に代(か)わりますので、少々(しょうしょう)お待(ま)ちください。
Tantō no mono ni kawarimasu node, shōshō o-machi kudasai.

★ *tantō no mono (tantōsha)* = person in charge

7 すみません、もう一度(いちど)よろしいですか。
Sumimasen, mōichido yoroshī desu ka?

26 Talking on the phone ④ ~ placing an order

電話(でんわ)で話(はな)す④～配達(はいたつ)の依頼(いらい) *denwa De hanasu ④~ haitatsu no irai*

★ Learn useful expressions for arranging delivery, using an example conversation.

☐ 1 **I'd like to place an order.**
'd like to~ → *~shitai n desu ga / ~ o onegai-shimasu*
▶ *Chumon*

☐ 2 **May I have your name and address, please?**
• May I have~? → *~o onegai-shimasu*
▶ *Soredewa, okyakusama*

☐ 3 **Thank you for your order. It is now complete.**
▶ *Dewa, go-chumon*

☐ 4 **I'd like a medium margarita, chips and salad, please.**
▶ *～ o onegai-shimasu*

☐ 5 **How long will it take?**
• How long → *nanpun gurai / dorekurai*
▶ *Nan-pun ～ ka?*

☐ 6 **I have an attempted delivery notice and I'd like to arrange delivery, please.**
• attempted delivery notice → *fuzaihyō*
▶ *sai-haitatsu*

☐ 7 **When would you like it delivered?**
▶ *Itsu no ～ ka?*

☐ 8 **Tomorrow morning, please.**
• morning → *gozenchū*(before noon)
▶ *Ashita no*

One Point Advice

- Japan has a very sophisticated courier system. You can send skis ahead to your hotel, a suitcase to the airport, or you can just send a gift across town. Packages can be collected from your door, or taken to a local convenience store or participating shop. If you are out when something is delivered, an "attempted delivery notice" will be left, and the package redelivered, free of charge at your convenience.

CD-2 29

1 注文(ちゅうもん)をお願(ねが)いします。
Chūmon o o-negai shimasu.
★ *chūmon* = order

2 それでは、お客様(きゃくさま)のお名前(なまえ)とご住所(じゅうしょ)をお願(ねが)いします。
Soredewa, o-kyakusama no o-namae to go-jūsho o o-negai-shimasu.

3 では、ご注文(ちゅうもん)を承(うけたまわ)ります。
Dewa, go-chūmon o uketamawarimasu.
★ *Uketamawarimasu* = receive, hear [honorific]

4 マルゲリータのＭサイズ１つとポテト、それと、サラダをお願(ねが)いします。
Marugerīta no M-saizu hitotsu to poteto, sore to, sarada o o-negai-shimasu.
★ *potato* = potato (especially, fried potato)

5 何分(なんぷん)ぐらいかかりますか。
Nan-pun gurai kakarimasu ka?
★ *~gurai/kurai* = about ~
★ *kakarimasu* = cost

6 不在票(ふざいひょう)が入(はい)っていたので、再配達(さいはいたつ)をお願(ねが)いします。
Fuzai-hyō ga haitte-ita node, sai-haitatsu o o-negai-shimasu.
★ *fuzai* = absence
★ *hyō* = sheet
★ *sai-* = re-, doing again
★ *haitatsu* = delivery

7 いつの配達(はいたつ)がよろしいですか。
Itsu no haitatsu ga yoroshī desu ka?
★ *yoroshī* = good [polite]

8 明日(あした)の午前中(ごぜんちゅう)にお願(ねが)いします。
Ashita no gozen chū ni o-negai shimasu.

27 Talking on the phone ⑤ ~ reservation or inquiy

電話で話す⑤~予約や問い合わせ (でんわ はな よやく と あ) *denwa de hanasu ⑤ ~ yoyaku ya toiawase*

★ In order to make reservations, you need to learn expressions to indicate your preferences for time, seats and numbers, etc.

☐ 1 **I'd like to reserve a ticket.**
• I'd like to~ → *~tai no/n desu ga...*
▸ *Chiketto*

☐ 2 **Are there any tickets still available for ABC Live on December 20th?**
▸ *ABC no raibu*
▸ *mada ~ ka*

☐ 3 **Are there any S seats left?**
• to be left → *nokotteimasu*
▸ *S seki*

☐ 4 **Then, I'll have two A seats please.**
• I'll have~ → *~o onegai-shimasu*
▸ *Ja, A seki*

☐ 5 **I'd like to sit towards the front please.**
▸ *Narubeku*

☐ 6 **I'd like to cancel the tickets I ordered the other day please.**
• I'd like to cancel... → *kyanseru o onegai shimasu*
• the other day → *senjitsu*
▸ *Senjitsu yoyaku -shita*

☐ 7 **I'm sorry I've lost the reservation number.**
• reservation number → *yoyaku bangō*
▸ *~ te shimatta*

One Point Advice

If you want to make a reservation by phone start by saying「〜の予約(よやく)をしたいんですが」. It is then very clear what you want. You will then answer a series of questions about the reservation including how to collect and pay. An "S" seat or "SS" seat will be the most expensive and therefore provide the best view. A seats will be cheaper.

1 チケットの予約(よやく)をしたいのですが。
Chiketto no yoaku o shitai no desu ga…

★ *yoyaku* = reservation

2 ABCのライブですが、12月(がつ)20日(はつか)のチケットはまだ取(と)れますか。
ABC no raibu desu ga, Jū-ni gatsu hatsuka no chiketto wa mada toremasu ka?

★ *raibu* = concert, live show

3 S席(せき)はまだ残(のこ)っていますか。
S-seki wa mada nokotte-imasu ka?

★ *seki* = seat
★ *nokorimasu* = remain

4 じゃ、A席(せき)を2枚(まい)お願(ねが)いします。
Ja, A seki o ni-mai o-negai shimasu.

5 なるべく前(まえ)の方(ほう)の席(せき)がいいのですが。
Narubeku mae no hō no seki ga ii no desu ga…

6 先日(せんじつ)予約(よやく)したチケットのキャンセルをお願(ねが)いしたいのですが。
Senjitsu yoyaku-shita chiketto no kyanseru o o-negai-shitai no desu ga…

7 予約番号(よやくばんごう)がわからなくなってしまったのですが…。
Yoyaku bangō ga wakaranaku natte shimatta no desu ga…

28 Going on a date

デートに行く dēto ni iku

★ You will see an example conversation of a man and a woman. They are close friends but not dating yet.

☐ 1 **There's an ABC concert coming up. Do you want to come with me?** ▸ *yokattara ~ ka*

☐ 2 **(After being told, "yes"). Oh, good.**

☐ 3 **Which of the following dates suits you best, July 20th, 21st or 22nd ?** ▸ *7gatsu hatsuka kara*
• Which of A ~? → *A nouchi dore ga ~ ka?*

☐ 4 **Where shall we meet?** ▸ *Machiawase*

☐ 5 **How about half past five?** ▸ *~ de ii desu ka*
• How about ~ → *~wa dō (/~de ii) desu ka*

☐ 6 **Sorry, to keep you waiting. You must have been early.** ▸ *Omatase-shimashita*

☐ 7 **OK, let's eat first. What would you like?** ▸ *Ja, mazu*
• What would you like? → *nani ga hoshī(/tabetai/ii) desu* ka

☐ 8 **That was a great concert! What did you think? — I thought it was great too.** ▸ *dō da tta*

One Point Advice

A department store clerk will ask「～でいいですか」、「どれが～ですか」「何(なに)が～か」in order to help you find the product you would like. If you agree with the clerk you can reply「私(わたし)も」.

- Department stores are a great place to go sightseeing in Japan. - just catch the escalators all the way to the top floor and then back down again. Be sure to visit the basement floors as the food displays are fascinating and occasionally include free samples.

CD-2 31

1 今度(こんど) ABC のライブがあるんですが、よかったら一緒(いっしょ)に行(い)きませんか。
Kondo ABC no raibu ga aru n desu ga, yokattara issho ni ikimasen ka?
★ *raibu* = concert

2 (OK の返事(へんじ)を受(う)けて) よかった。
(OK no henji o ukete) Yokatta.

3 7月(がつ)20日(はつか)から22日(にち)の3日間(かかん)のうち、どの日(ひ)がいいですか。
7-gatsu hatsuka kara 22-nichi no mikkakan no uchi, dono hi ga ii desu ka?

4 待(ま)ち合(あ)わせはどこにしますか。
Machiawase wa doko ni shimasu ka?
★ *machiawase* = place for meet

5 時間(じかん)は5時半(じはん)でいいですか。
Jikan wa 5-ji-han de ii desu ka?

6 お待(ま)たせしました。早(はや)く来(き)て(い)たんですね。
Omatase-shimashita. Hayaku kite(i)ta n desu ne.
★ *matasemasu* = keep someone waiting

7 じゃ、まずは食事(しょくじ)ですね。何(なに)が食(た)べたいですか。
Ja, mazu wa shokuji desu ne. Nani ga tabetai desu ka?

8 すごくよかったなあ。リカさんはどうだった？——私(わたし)も。
Sugoku yokattanā. Rika-san wa dōdatta?—Watashi mo.

29 At the police or a kōban

警察・交番で keisatsu/kōban de

★ Losing something happens quite often. Don't give up! Learn the basic expressions to get your items back.

☐ 1 **My wallet was just stolen at the train station.** ▸ *Sakki, eki de*
• be stolen → *nusumaremasu, toraremasu, suraremasu*

☐ 2 **Excuse me, I think I've dropped my phone somewhere.** ▸ *Sumimasen, ~ mitai na n desu*

☐ 3 **I don't know where I dropped it. I had it when I got on the train.** ▸ *~ toki wa*
• I don't know where ~. → *Doko ~ ka wakarimasen.*

☐ 4 **I had 30,000 yen, credit cards, and bank cards in my purse.** ▸ *Saifu niwa,*

☐ 5 **It is a black SUZUKI wallet.** ▸ *iro wa ~*

☐ 6 **Could you let me know if you find it, please?** • Could you ~ ? → *~te itadakemasu ka* ▸ *Mitsukattara*

☐ 7 **It looks like there was an accident at that intersection.** • It looks like ~. → *~mitai desu.* ▸ *Soko no*

One Point Advice

Kobans (or police boxes) can be found on many corners throughout the country. One of their main roles is community safety – making sure the local area is safe. They have detailed maps of the area and can tell you how to get somewhere. You can also report traffic accidents or lost items to them and they will follow up.

---

1 さっき、駅(えき)で財布(さいふ)をすられました！
Sakki, eki de saifu o surare mashita!

★ *saifu* = wallet
★ *surimasu* = pick one's pocket

---

2 すみません、スマホを落(お)としたみたいなんです。
Sumimasen, sumaho o otoshita mitai na n desu.

---

3 どこで落(お)としたかわかりませんが、電車(でんしゃ)に乗(の)る時(とき)はありました。
Doko de otoshita ka wakarimasen ga, densha ni noru toki wa arimashita.

---

4 財布(さいふ)には、現金(げんきん)３万円(まんえん)とクレジットカード、銀行(ぎんこう)のカードが入(はい)っていました。
Saifu niwa, genkin 3-man-en to kurejittokādo, ginkō no kādo ga haitteimashita.

★ *genkin* = cash

---

5 SUZUKI の財布(さいふ)で、色(いろ)は黒(くろ)です。
SUZUKI no saifu de iro wa kuro desu.

---

6 見(み)つかったら、知(し)らせていただけますか。
Mitsukattara, shirasete itadakemasu ka?

★ *mitsukarimasu* = be found

---

7 そこの交差点(こうさてん)で事故(じこ)があったみたいです。
Soko no kōsaten de jiko ga atta mitaidesu.

★ *kōsaten* = intersection

30

Making a travel plan

旅行の計画をたてる ryokō no keikaku o tateru

りょこう　けいかく

★ Learn how to express your opinions and make suggestions about having some fun.

☐ 1 **How about we all go on a trip together?** ▸ *Kondo, ～ ka*
• How about ~ ? → ~ *wa dō desu ka? / ~masen ka?*

☐ 2 **What about somewhere close, but overseas?** ▸ *Chikaku de*

☐ 3 **That sounds like a good idea. Let's do it.** ▸ *Sō shimashō*
• That sounds good. → *Ii desu ne.*

☐ 4 **For example, where would you like to go?** ▸ *Tatoeba,*

☐ 5 **How about an island towards the south, like Bali or Saipan. — I agree.** ▸ *～ ga ii desu*
• like A or B → *A toka B toka*

☐ 6 **How about (we go in) February? Tickets are cheap then.** ▸ *2gatsu wa*

☐ 7 **Let's look it up on the internet.** ▸ *Netto de*
• I'll ~ → *~masu/~mashō/~te mimasu*

☐ 8 **I'll contact a travel agent.** ▸ *Ryokōgaisha*
• contact → *renraku-shimasu, toiawasemasu*

One Point Advice

It's important when you are planning a trip with someone that you take their opinions into consideration. The phrase「例えば〜か」can help up do this, by asking for concrete examples.

1 今度、みんなでに行きませんか。
Kondo, minna de ryokō ni ikimasen ka?

2 近くでいいから海外にしませんか。
Chikaku de ii kara kaigai ni shimasen ka?
★ *kaigai(ni)* = overseas

3 いいですね。そうしましょう。
Ii desu ne. Sō shimashō.

4 例えば、どこですか。
Tatoeba, doko desu ka?
★ *tatoeba* = for example

5 南の島がいいです。バリとかサイパンとか。——賛成。
Minami no shima ga ii desu. Bali toka Saipan toka.—Sansei.
★ *sansē-shimasu* = agree

6 ２月はどうですか。航空券が安いですよ。
2-gatsu wa dō desu ka? Kōkūken ga yasui desu yo.

7 ネットで調べてみましょう。
Netto de shirabete-mimashō.
★ *netto* = internet

8 旅行会社に問い合わせてみます。
Ryokōgaisha ni toiawasete-mimasu.

31 At a travel agency

旅行会社で ryokōgaisha de
りょこうがいしゃ

★ Learn how to ask questions and confirm information to make travel plans you can enjoy.

☐ 1 **I'd like to know more about this tour, please.** ▸ *Kono tsuā ni tsuite*
• I'd like → *~tai no/n desu(ga).*

☐ 2 **What is your departure date?** ▸ *Goshuppatsubi*

☐ 3 **I'm planning on the beginning of September.** ▸ *9 gatsu no jōjun*
• I'm planning on ~ → *~ o yotē-shite imasu.*

☐ 4 **Can I reserve a specific seat?** ▸ *Zasekishitē*
• Can I ~ ? → *~(wa) dekimasu ka?*

☐ 5 **I'd like an ocean view room, please.** ▸ *Umi no mieru heya*
• I'd like ~ → *~ ga ii / hoshī n desu ga.*

☐ 6 **How much free time do we have?** ▸ *Jiyūjikan*
• how much → *dorekurai*

☐ 7 **When do I start paying cancellation fees?** ▸ *Kyanseruryō*
• any → nanika other → *hoka no*

One Point Advice

The phrases「～を予定しています」and「～を考えています」are very useful when you are talking about plans or things to do. Especially if you are discussing possible dates or destinations.

1 このツアーについて詳しく聞きたいんですが。
Kono tsuā ni tsuite kuwashiku kikitai n desu ga.
★ *kuwashiku* = in detail

2 ご出発日はいつでしょうか。
Go-shuppatsubi wa itsudeshō ka?
★ *shuppatsu* = departure

3 ９月の上旬を予定しています。
9gatsu no jōjyun o yotei-shiteimasu.
★ *jōjun* = first 10 days of month

4 座席指定はできますか。
Zasekishitē wa dekimasu ka?
★ *zaseki* = seat
★ *shitē-shimasu* = designate

5 海の見える部屋がいいんですが。
Umi no mieru heya ga ii n desu ga.

6 自由時間はどれくらいありますか。
Jiyūjikan wa dorekurai arimasu ka?

7 キャンセル料はいつからかかりますか。
Kyanseruryō wa itsukara kakarimasu ka?
★ *kakarimasu* = be charged

32 At a hair salon

美容院で biyōin de

(ruby: び よう いん)

★ Learn how to explain what you want, so you won't be disappointed later.

☐ 1 **My name is Miller, I have an appointment at 5 o'clock.** ▸ *5-ji ni*

☐ 2 **A trim, please.** ▸ *Katto*

☐ 3 **About two centimeters all over, please.** ▸ *～ te moraemasu ka?*
• all over → *zentai (teki) ni*

☐ 4 (Pointing at a photo)
Could you cut it like this, please. ▸ *Konna kanji*

☐ 5 **What would you like to do with your fringe (bangs)? — Just covering my eyebrows, please.** ▸ *Maegami*

☐ 6 **Could you cut just a little more off, please.** ▸ *Mō sukoshi*

☐ 7 **I'll leave the rest up to you.** ▸ *Ato wa*

One Point Advice

1 5時に予約していたミラーです。
5-ji ni yoyaku-shiteita Mirā desu.

2 カットをお願いします。
Katto o onegai-shimasu.

3 全体的に2センチくらい切ってもらえますか。
Zentaiteki ni 2-senchi kurai kitte moraemasu ka?

4 (写真を指しながら)
こんな感じにしてもらえますか。
(Shashin o sashi-nagara) *Konna kanji ni shite-moraemasu ka?*

★ *~nagara* = ~ing
★ *sashimasu* = point (out)
★ *konna kanji* = like this

5 前髪はどうしますか。
——眉毛が隠れるくらいにしてください。
Maegami wa dō shimasu ka? —Mayuge ga kakureru kurai ni shite kudasai.

★ *maegami* = fringe
★ *mayu(ge)* = eyebrows

6 もう少し切ってもらえますか。
Mō sukoshi kitte-moraemasuka?

7 あとはお任せします。
Ato wa omakase-shimasu.

★ *makasemasu* = leave ~ up to someone

33 Part time job interview

アルバイトの面接（めんせつ） *arubaito no mensetsu*

★ For an interview, you need to have a polite attitude and proper language.

☐ 1 **I'm calling about the advertisement I saw on the internet.** ▶ *～ o mite*

☐ 2 **Are you still talking applications?** ▶ *Mada ～ ka?*

☐ 3 **I will come at 3 o'clock tomorrow. Thank you for your time.** ▶ *Dewa, ashita*

(At the reception desk.)

☐ 4 **My name is Smith. I have an appointment for an interview at 3 o'clock.** ▶ *Honjitsu*

• My name is ~ → [polite]~ *to mōshimasu* • I have an appointment for ~ → *(~ ji ni) o-yakusoku o itadaite orimasu.*

(At the beginning of the interview.)

☐ 5 **My name is Smith. Thank you for taking the time to interview me.** ▶ *～ to mōshimasu*

☐ 6 **Do you have any experience in this field? — No, but I have some which I think is relevant.** ▶ *Kōyu shigoto* ▶ *kanren-shita shigoto*

☐ 7 **I'd like the experience of working for a Japanese company.** ▶ *Ichido ～ te mitai*

☐ 8 **Thank you very much for meeting with me today.** ▶ *Kyō wa*

One Point Advice

- The expression「お時間をさいていただき、ありがとうございました」is very common in the work place. It is used when you asked for the interview or meeting, to express appreciation for the time you have been given.

1 インターネットの募集広告を見て、お電話しました。
Intānetto no boshūkōkoku o mite, odenwa-shimashita.

2 まだ募集をされていますか。 ★ *mada* = still
Mada boshū o sarete-imasu ka?

3 では、明日３時にお伺いします。よろしくお願いいたします。 ★ *oukagai-shimasu* = come, visit [honorific]
Dewa, ashita 3-ji ni oukagai-shimasu. Yoroshiku onegai-itashimasu.

4 〈受付で〉本日３時に面接のお約束をいただいておりますスミスと申します。 ★ *honjitsu* = today [polite]
<Uketsuke de> Honjitsu 3-ji ni mensetsu no o-yakusoku o itadaite-orimasu Sumisu to mōshimasu.

5 〈面接官に〉スミスと申します。本日はよろしくお願いいたします。 ★ *mensetsukan* = interviewer
<Mensetsukan ni> Sumisu to mōshimasu. Honjitsu wa yoroshiku-onegai-itashimasu.

6 こういう仕事は経験ありますか。――いえ、関連した仕事は多少経験があります。 ★ *keiken* = experience
Kōiu shigoto wa keiken arimasu ka?—Ie, kanren-shita sigoto wa tashō keiken ga arimasu.

7 一度日本の会社で働いてみたいと思っていました。
Ichido nihon no kaisha de hataraite-mitai to omotte imashita.

8 今日はお時間をさいていただき、ありがとうございました。 ★ *jikan o sakimasu* = spare time for
Kyō wa o-jikan o saite-itadaki, arigatō-gozaimashita.

Features of the Japanese Spoken Language 4

★ The Japanese language has a polite system called KEIGO. Information about KEIGO, its classifications, meanings and forms are described in the One Point Advice section of Part 3, Unit 30. Some learners are not willing to study KEIGO, saying that it is feudalistic. On the other hand, many foreigners admire the manners and service offered in Japanese department stores, and hotels, etc. The KEIGO that the staff use reflect their hospitality and ensure a very warm welcome to their customers and guests. The use of KEIGO demonstrates the hospitality of the speaker.

Therefore, in Japanese society, in companies and offices, employees are required to use appropriate KEIGO to people outside their office, and in the new employees' training sessions, new staff are taught how to use KEIGO.

KEIGO expresses not only the vertical relationship but also the distance between people. If you continue to use formal, polite KEIGO to your friends, they might feel that you are refusing their attempts to become close to you.

In Japan, the younger students at school use KEIGO when talking to older students, and usually it continues even after graduation or even forever. However, if people get especially intimate, e.g., becoming lovers or business partners, KEIGO is gradually forgotten and, without noticing it, KEIGO is no longer included in their conversations.

★ If you listen to the conversations between Japanese people, you may feel that they do not express their emotion very much. But as you study Japanese language more and more, you will gradually notice that the sentence pattern itself can express the speaker's emotion, even when it is not directly expressed.

PART 5
Topic

Sport

スポーツ *supōtsu*

★ Sports are often broadcast live on television and shown on the news, making them an easy topic of conversation. Try talking about the sports you enjoy.

☐ 1 **Which team is winning?** ▶ *Dochira ～ ka?*
• Which...? → *Docchi....ka?*

☐ 2 **The Tigers beat the Dragons 6 to 1.** ▶ *6 tai 1de*

☐ 3 **I go to the gym almost every day.** ▶ *Hobo mainichi*

☐ 4 **Do you watch sumo on TV?** ▶ *Terebi de ～ ka?*

☐ 5 **Did you play any sport at school?** ▶ *Gakkō de ～ ka?*

☐ 6 **What is the most popular sport in your country?** ▶ *Anata no kuni* ▶ *nan desu ka*
• most → *ichiban*

☐ 7 **I play tennis.** ▶ *Watashi wa*

One Point Advice

Sport is a popular pastime in Japan. Many people follow their favorite teams, even if they don't play a sport themselves. Sumo has always had a large following and in recent years soccer has grown in popularity. At the junior and senior high school level being a member of the school team can mean practicing after school (and sometimes before) five days a week; plus additional practices and competitions on Saturday, Sundays and during school holidays.

CD-2 37

1 どちらのチームが勝(か)っていますか。
Dochira no chīmu ga katte imasu ka?
★ *kachimasu* = win

2 6対(たい)1でタイガースがドラゴンズに勝(か)ちました。
6 tai 1 de taigāsu ga doragonzu ni kachimashita.

3 ほぼ毎日(まいにち)ジムに行(い)きます。
Hobo mainichi jimu ni ikimasu.
★ *hobo* = almost

4 テレビで相撲(すもう)を見(み)ますか。
Terebi de sumō o mimasu ka?

5 学校(がっこう)で何(なに)かスポーツをしましたか。
Gakkō de nanika supōtsu o shimashita ka?

6 あなたの国(くに)で一番(いちばん)人気(にんき)があるスポーツは何(なん)ですか。
Anata no kuni de ichiban ninki ga aru supōtsu wa nan desu ka?
★ *ninki ga aru* = popular

7 私(わたし)はテニスをします。
Watashi wa tenisu o shimasu.

Movies

映画 えいが *eiga*

★ Conversations can turn lively when both you and the person you're talking to enjoy movies, or if you share a favorite movie or actor.

☐ 1 **What's your favorite movie?**
• What is your favorite~? → *sukina ~ wa nan desu ka?*
▸ *eiga*

☐ 2 **Shall we go to the movies on Saturday night?**
• Shall we ~? → *~masen/mashō/masu ka?*
▸ *Doyōbi ni*

☐ 3 **I like to watch movies in 3D.**
• I like to ~ → *~no ga suki desu*
▸ *Eiga wa*

☐ 4 **Have you ever seen *Letters from Iwojima?***
• Have you ever ~? → *~ta koto ga arimasu ka?*
▸ *Iōjima kara no tegami*

☐ 5 **What kind of movies do you like?**
• What kind of ~? → *donna ~ka?*
▸ *~ ga suki*

☐ 6 **Are the Harry Potter books and movies popular in Japan?**
▸ *nihon dewa ~ ka*

☐ 7 **Where can I borrow a DVD to watch this weekend?**
▸ *doko de ~ ka?*

"Golden Week" was once a time when movie companies encouraged people to go and see a movie. It was considered a "Golden" opportunity because there were so many holidays in the week.

1 好きな映画はなんですか。
すき えいが
Sukina eiga wa nan desu ka?

2 土曜日に映画を見に行きますか。
どようび えいが み い
Doyōbi ni eiga o mini ikimasu ka?

3 映画は 3D で見るのが好きです。
えいが み す
Eiga wa surīdī de miru no ga suki desu.

4 硫黄島からの手紙を見たことがありますか。
いおうじま てがみ み
"Iōjima kara no tegami" o mita koto ga arimasu ka?

★ *tegami* = letter

5 どんな映画が好きですか。
えいが す
Donna eiga ga suki desu ka?

6 ハリーポッターの映画や本は日本では人気ですか。
えいが ほん にほん にんき
Harīpottā no eiga ya hon wa Nihon dewa ninki desu ka?

★ *ninki desu* = be popular

7 今週末に見る DVD はどこで借りられますか。
こんしゅうまつ み か
Konshūmatsu ni miru DVD wa doko de kariraremasu ka?

★ *karimasu* = borrow, rent

03 Family

家族(かぞく) *kazoku*

★ Family often comes up in conversation. Try learning the basic vocabulary and expressions relating to family.

☐ 1 **We are twins.** ▸ *watashitachi*

☐ 2 **Do your family celebrate Christmas?** ▸ *Anatano kazoku wa ～ ka?*

☐ 3 **What does your (older) brother do?** ▸ *Onīsan no shigoto*

☐ 4 **My younger sister just graduated from university.** ▸ *Imōto wa*

☐ 5 **Do you miss your family?** ▸ *Go-kazoku*
• miss someone → *~ga inakute sabishī*

☐ 6 **It's my parents' 50th wedding anniversary next month.** ▸ *Raigetsu wa ～ desu*

☐ 7 **My grandma is not very well at the moment.** ▸ *Sobo wa*
• not very well → *guai ga yoku arimasen*

One Point Advice

Be careful to use the correct vocabulary when you talk about families. The words for talking about your own family are different from those you would use to talk about someone else's family. E.g.「はは (my mother)」,「おかあさん (someone else's mother)」.

1 私(わたし)たちは双子(ふたご)です。
Watashitachi wa futago desu.
★ *futago* = twins

2 あなたの家族(かぞく)はクリスマスを祝(いわ)いますか。
Anata no kazoku wa kurisumasu o iwaimasu ka?

3 お兄(にい)さんの仕事(しごと)は何(なん)ですか。
Onīsan no shigoto ha nan desu ka?

4 妹(いもうと)は大学(だいがく)を卒業(そつぎょう)したばかりです。
Imōto wa daigaku o sotsugyō-shita bakari desu.
★ *sotsugyō-shimasu* = graduate from

5 ご家族(かぞく)がいなくて、寂(さび)しいですか。
Go-kazoku ga inakute, sabishī desu ka?

6 来月(らいげつ)は両親(りょうしん)の結婚(けっこん) 50 年記念(ねんきねん)です。
Raigetsu wa ryōshin no kekkon gojū-nen-kinen desu.
★ *ryōshin* = both parents
★ *kinen(bi)* = anniversary

7 祖母(そぼ)は今(いま)、具合(ぐあい)がよくありません。
Sobo wa ima, guai ga yokuarimasen.
★ *sobo* = my grandma
★ *guai* = condition

04 Health

健康 けんこう kenkō

★ Health and sickness both come up in daily conversation. While they may be somewhat difficult, try to learn the words relating to health that you need to know.

☐ 1 **I'm allergic to seafood.** ▸ *Watashi wa*
• be allergic to ~ → ~ *no arerugī ga arimasu*

☐ 2 **I have low blood pressure.** ▸ *ketsuatsu*

☐ 3 **When is the best time to have a flu shot?** ▸ *Infuruenza*

☐ 4 **I'm running out of my medicine; do you know of a good GP in this area?** ▸ *Kono hen ni ~ ka?*
• run out of ~ → ~ *ga kire(/nakunari)masu*

☐ 5 **I've got a sore tooth. Do you know a good dentist?** ▸ *Ii ~ ka*
• sore → *itai*

☐ 6 **How do you say "antibiotics" in Japanese? — It's "*kōseibusshitsu*."** ▸ *Nihongo de ~ ka?*

☐ 7 **Do you know if alternative medicines are covered by health insurance?** ▸ *Kanpoyaku wa ~ ka?*

One Point Advice

Japan has a very good medical system. However, compared to some Western countries, hospital stays may be longer for the same procedure. The number of different pills prescribed for an ailment may also be more than you are used to. This is because often each symptom is treated separately. So there may be a pill for the nose, one for the allergy and another for the cough. Plus one for the stomach, which may be upset by one of the other tablets. If you have any questions about the treatment you are receiving, you should ask until you are well informed.

CD-2 40

1 私(わたし)はシーフードアレルギーがあります。
Watashi wa shīfūdo-arerugī ga arimasu.

2 私(わたし)は血圧(けつあつ)が低(ひく)いです。
Watashi wa ketsuatsu ga hikui desu.

3 インフルエンザの予防接種(よぼうせっしゅ)はいつすればいいですか。
Infuruenza no yobōsesshu wa itsu sureba ii desu ka? ★ *yobōsesshu* = vaccination

4 この辺(へん)にいい医者(いしゃ)はいますか。薬(くすり)がなくなりそうです。
Kono hen ni ii isha ha imasu ka? Kusuri ga nakunarisō desu. ★ *kusuri* = drug

5 歯(は)が痛(いた)いです。いい歯医者(はいしゃ)を知(し)りませんか。
Ha ga itai desu. Ii haisha o shirimasen ka? ★ *~ga itai* = ~ hurts

6 日本語(にほんご)でアンティバイオテックスはなんですか。
——抗生物質(こうせいぶっしつ)です。
Nihongo de kōseibusshitu wa nan desu ka? Kōseibussitsu desu.

7 漢方薬(かんぽうやく)は保険(ほけん)でカバーされていますか。
Kanpōyaku wa hoken de kabā sarete imasu ka?
★ *kanpōyaku* = Chinese herbal medicine
★ *hoken* = insurance

05 Hobbies

趣味 (しゅみ) *shumi*

★Engage in a spirited discussion with someone who shares your interests.

☐ 1 **What are your hobbies?** ▶ *Shumi wa*

☐ 2 **What do you usually do in your free time?** ▶ *Himana toki*

☐ 3 **I love to read mysteries.**
•love to ~ → *(V-suru)no/koto ga daisuki desu*
▶ *Misuteri o*

☐ 4 **I really like to travel.**
•really like ~ → *~ ga totemo suki desu*
▶ *Ryokō*

☐ 5 **I'm a Red Sox fan, so I go to all their games.** •~, so …. → *~ node, ….*
▶ *~ ni ikimasu*

☐ 6 **I Skype my family and friends back home.** ▶ *~ ni sukaipu-shimasu*

☐ 7 **I watched the new Brad Pitt movie.** ▶ *~ o mimashita*

One Point Advice

- The basic expression used when speaking about your hobbies is「～が好(す)き」. The forms「名詞(めいし)＋が好(す)き」and「動詞(どうし)の辞書形(じしょけい)＋の＋が好(す)き」may also be used.

1 趣味(しゅみ)は何(なん)ですか。
Shumi wa nan desu ka?
★ *shumi* = hobby

2 暇(ひま)な時(とき)に何(なに)をしますか。
Himana toki ni nani o shimasu ka?
★ *hima* = free, having time

3 ミステリーを読(よ)むのが大好(だいす)きです。
Misuterī o yomu noga daisuki desu.

4 旅行(りょこう)がとても好(す)きです。
Ryokō ga totemo suki desu.

5 私(わたし)はレッドソックスのファンで、試合(しあい)は全部(ぜんぶ)見(み)に行(い)きます。
Reddosokkusu no fan nanode, shiai wa zenbu mi ni ikimasu.
★ *subete no* = all, every

6 私(わたし)の国(くに)の家族(かぞく)や友人(ゆうじん)にスカイプします。
Watashi no kuni no kazoku ya yuujin ni sukaipu-shimasu.

7 ブラッド・ピットの新(あたら)しい映画(えいが)を見(み)ました。
Buraddo Pitto no atarashī eiga o mimashita.

06 Weekend

週末 (しゅうまつ) *shumatsu*

★ Try to become able to speak to a coworker about how you will spend your weekend or how your weekend was.

☐ 1 **How was your weekend?** ▸ *Shūmatsu*
• How was ~? → *~wa dō deshita ka?*

☐ 2 **Did you do something fun over the weekend?** ▸ *nanika ~ ka?*

☐ 3 **The weather was lovely, so we went hiking in the mountains.** ▸ *Tenki ga*
• to go hiking → *haikingu ni ikimasu*

☐ 4 **The autumn leaves were spectacular.** ▸ *Kōyō*

☐ 5 **The skiing was great. A soft, powdery snow.** ▸ *Sukī wa*

☐ 6 **I caught a cold, so I just stayed home.** ▸ *~ ni imashita*
• catch a cold → *kaze o hikimasu*

☐ 7 **My friend came over and we watched a DVD together.** ▸ *Tomodachi* ▸ *futari de*

One Point Advice

- While Japanese people are known as hard workers, how you spent your weekend or vacation is a frequent topic of conversation. In order to show others that you are interested in what they have to say, terms such as「へえ」,「そうなんだ」, and「いいなあ」are often used.

1 週末(しゅうまつ)はどうでしたか。
Shūmatsu wa dō deshita ka?

★ *shūmatsu* = weekend

2 週末(しゅうまつ)に何(なに)かおもしろいことをしましたか。
Shūmatsu ni nanika omoshiroi koto o shimashita ka?

3 天気(てんき)が良(よ)かったので山(やま)にハイキングに行(い)きました。
Tenki ga yokatta node yama ni haikingu ni ikimashita.

4 紅葉(こうよう)がとてもきれいでした。
Kōyō ga totemo kirei deshita.

★ *kōyō* = autumn leaves

5 スキーは楽(たの)しかったです。雪(ゆき)は柔(やわ)らかい粉雪(こなゆき)でした。
Sukī wa tanoshikatta desu. Yuki wa yawarakai konayuki deshita.

★ *yawarakai* = soft

6 かぜをひいたので、家(いえ)にいました。
Kaze o hīta node, ie ni imashita.

7 友達(ともだち)が家(いえ)に来(き)たので、二人(ふたり)でDVDを見(み)ました。
Tomodachi ga ie ni kita node, futari de DVD o mimashita.

07 Weather

天気 tenki

てんき

★ The weather is a surefire topic of conversation. Learn how to discuss it in a fluent way.

☐ 1 **The weather is fine today.** ▸ *Kyō wa*

☐ 2 **It's nice weather, isn't it?** ▸ *Ii otenki*

☐ 3 **It's hot, isn't it?** ▸ *Atsui*

☐ 4 **It's cold, isn't it.** ▸ *Samui*

☐ 5 **It's humid, isn't it?** ▸ *Mushiatsui*
• ~, isn't it? → ~ *desu ne.*

☐ 6 **It will rain tomorrow.** ▸ *Ashita wa*

☐ 7 **Don't forget your umbrella.** ▸ *Kasa*
• Don't forget~ → ~ *o wasurenai de kudasai*

One Point Advice

Japanese people often talk about the weather. So much so that it is often the opening line of a written communication. Just as an English speaker might say "Hi, how are you?" as a way of making conversation, the Japanese will say "It's hot isn't it?" to which you should respond "Yes, it is".

1 今日(きょう)は晴(は)れです。
Kyō wa hare desu.

2 いいお天気(てんき)ですね。
Ii otenki desu ne.

3 暑(あつ)いですね
Atsui desu ne.

4 寒(さむ)いですね。
Samui desu ne.

5 むし暑(あつ)いですね。
Mushiatsui desu ne.

★ *mushiatsui* = humid

6 あしたは雨(あめ)でしょう。
Ashita wa ame deshō.

7 かさを忘(わす)れないでください。
Kasa o wasurenaide kudasai.

★ *kasa* = umbrella

08 Japan

日本 Nihon

★ Japan must seem like a strange country to many people. Try to be frank when asking about the questions you may have.

☐ 1 **What's your favorite Japanese food?** ▸ *Anata no*

☐ 2 **Have you ever been to a public bath (or a hot spring?)** ▸ *Sento ka onsen*
• Have you ever been to~? → *~ ni itta koto ga arimasu ka?*

☐ 3 **Would you like to go and watch a sumo tournament?** ▸ *Sumō o*
• Would you like to~? → *~masen ka?*

☐ 4 **Do you often talk with your neighbors often?** ▸ *yoku ~ ka*
• neighbors → *tonari no hito/kinjo no hito*

☐ 5 **Is it important it to write kanji using the correct stroke order?** ▸ *~ wa daiji desu ka?*
• stroke order → *kaki jun*

☐ 6 **Why is it called Golden Week?** ▸ *Naze ~ ka?*
• Why is it called~? → *naze ~ to yobareru no desu ka?*

☐ 7 **Why do Japanese like "cute" things?** ▸ *Nihonjin wa naze ~ ka?*

One Point Advice

- People from other countries may find many things about Japan to be strange. It is natural to want to have a Japanese person explain things to you, but not many Japanese people will be able to answer you satisfactorily. This vagueness could also be said to be a Japanese trait.

1 あなたの好(す)きな和食(わしょく)は何(なん)ですか。
Anata no sukina washoku wa nan desu ka?
★ *washoku* = Japanese food

2 銭湯(せんとう)か温泉(おんせん)に行(い)ったことはありますか。
Sentō ka onsen ni itta koto wa arimasu ka?
★ *sentō* = public bath
★ *onsen* = hot spring

3 相撲(すもう)を見(み)に行(い)きませんか。
Sumō o mini ikimasen ka?

4 近所(きんじょ)の人(ひと)とよく話(はな)しますか。
Kinjo no hito to yoku hanashimasu ka?

5 漢字(かんじ)を正(ただ)しい書(か)き順(じゅん)で書(か)くのは大事(だいじ)ですか。
Kanji o tadashī kakijun de kaku nowa daiji desu ka?
★ *daiji* = important

6 なぜ、ゴールデンウィークと呼(よ)ばれるのですか。
Naze, gōrudenwīku to yobareru no desu ka?

7 日本人(にほんじん)は、なぜ " かわいい " ものが好(す)きなんですか。
Nihonjin wa, naze "kawaii" mono ga suki-na n desu ka?
★ *kawaī* = cute

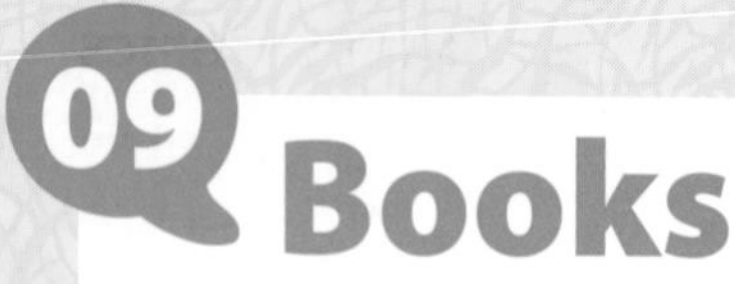

09 Books

本 (ほん) *hon*

★ Translated versions are fine, so why not try to read famous Japanese literature? It will surely help enrich your understanding of Japan.

□ 1 **What do you like to read?**
• What…? → Nani…. / *Donna*….
▸ *yomimasu*

□ 2 **I like to read science fiction.**
• like to ~ → *~ no ga suki desu*
▸ *Watashi wa*

□ 3 **Who is your favorite author?**
▸ *~ wa dare desu ka?*

□ 4 **Have you read the new Stephen King novel?**
• Have you ~? → *V-ta ka?*
▸ *Atarashī*
▸ *shōsetsu"*

□ 5 **What are you reading right now?**
▸ *Ima yondeiru*

□ 6 **Do you know any good Japanese authors I can read in English?**
▸ *eigo de yomeru*

□ 7 **Can you suggest a book for learning Japanese?**
▸ *~ noni ii hon*

Unlike some overseas countries, it is perfectly acceptable to stand and read a book or magazine in a Japanese bookstore. If the bookstore does not want you to do this, they will shrink-wrap the publication in plastic. Comic (manga) books are very popular among people of all ages. You can read stories, learn Japanese, or even study history by just reading manga. With the advent of the smartphone, fewer people are reading paperbacks on the train during their daily commute. But if you look carefully, you will still see the small popular books which have kept commuters entertained for many years.

CD-2 45

1 どんな本(ほん)を読(よ)みますか。
Donna hon o yomimasu ka?

2 私(わたし)は SF を読(よ)むのが好(す)きです。
Watashi wa SF o yomu-no ga suki desu.

3 あなたの好(す)きな著者(ちょしゃ)はだれですか。 ★ *chosha* = author
Anata no sukina chosha wa dare desu ka?

4 スティーヴン・キングの新(あたら)しい小説(しょうせつ)は読(よ)みましたか。 ★ *shōsetsu*=novel
Suteibun Kingu no atarashī shōsetsu wa yomimashita ka?

5 今(いま)読(よ)んでいる本(ほん)はなんですか。
Ima yondeiru hon wa nan desu ka?

6 作品(さくひん)が英語(えいご)で読(よ)める日本人(にほんじん)のいい作家(さっか)はいませんか。 ★ *sakuhin* = works ★ *sakka* = author
Sakuhin ga eigo de yomeru Nihonjin no ii sakka wa imasen ka?

7 日本語(にほんご)を学(まな)ぶのにいい本(ほん)はありませんか。
Nihongo o manabu noni ii hon wa arimasen ka?

10 Travel

旅行 ryokō

りょこう

★ While Japan seems like a small country, it stretches far from north to south and is full of things to see.

☐ 1 **Shall we go away for the summer holidays together?** ▸ *Natsuyasumi,*

• Shall we ~? → ~ *mashō ka / masu ka?*

☐ 2 **I'd love to. Where were you thinking of?** ▸ *yorokonde*

☐ 3 **Would you like to stay in a Japanese or western style room?** ▸ *Washitu /Yōshitsu*

• Would you like to ~ A or B? → *A to B, dotchi (o/ni/ga) ~tai desu ka?*

☐ 4 **Are meals included in the price?** ▸ *Ryōkin niwa*

☐ 5 **I like to explore new places on foot.** ▸ *Atarashī basho*

• like to ~ → ~ *no ga suki desu*

☐ 6 **I enjoy trying the local dishes.** ▸ *Kyōdo ryōri*

☐ 7 **I have a friend we could stay with in Nagoya. Let's go there.** ▸ *Nagoya ni ~ ga iru*

One Point Advice

- When on a trip, you will often find yourself asking or requesting something from someone you are only meeting for the first time. Some people may be rude to you, but many people are kind. Instead of speaking to people in English, try your best to speak as much Japanese you can, even if you think it may be "poor." Even speaking a string of words, rather than sentences, is okay. Your attempts to speak Japanese will probably earn you a kinder response.

CD-2 46

1 夏休み、一緒に旅行しましょうか。
Natsuyasumi, isshoni ryokō-shimashō ka.
★ *issho ni* = together

2 喜んで。どこへ行きますか。
Yorokonde. Doko e ikimasu ka?

3 和室と洋室、どっちに泊まりたいですか。
Washitsu to yōshitsu, dotchi ni tomaritai desu ka?
★ *tomarimasu* = stay

4 料金には食事代も入っていますか。
Ryōkin niwa shokuji-dai mo haitte imasu ka?
★ *ryōkin* = price
★ *shokuji-dai* = cost of a meal

5 新しい場所を歩いて見て回るのが好きです。
Atarashī basho o aruite mitemawaru-no ga suki desu.
★ *mitemawaru* = look around

6 郷土料理を味わうのは楽しいです。
Kyōdo-ryōri o ajiwau-no wa tanoshī desu.

7 名古屋に泊めてくれる友人がいるから、名古屋に行きましょう。
Nagoya ni tomete kureru yūjin ga iru kara, Nagoya ni ikimashō.

フレーズリスト

□ 暑いですね
Atsui desu ne ・・・・・・・・・・・・・・・・・・・・・ 199
□ あのう、ちょっと質問があるんですが
Anō, chotto shitsumon ga arun desu ga ・ 63
□ 危ないから気を付けてください
Abunai kara ki o tsukete kudasai ・・・・ 69
□ ありがとうございます / ありがとう
Arigatō gozaimasu/ arigatō ・・・・・・・・ 17
□ いいお天気ですね
Ii o-tenki desu ne・・・・・・・・・・・・・・・・・・ 199
□ いいですね
Ii desu ne ・・・・・・・・・・・・・・・・・・・・・・・・ 35
□ いいですね、そうしましょう
Ii desu ne, sō shinashō ・・・・・・・・・・・・ 177
□ 受付はどこですか
Uketsuke wa doko desu ka ・・・・・・・・・ 37
□ 英語が話せますか
Eigo ga hanasemasu ka ・・・・・・・・・・・・ 89
□ 英語がわかりますか
Eigo ga wakarimasu ka・・・・・・・・・・・・・ 89
□ お会計お願いします
O-kaikei onegaishimasu・・・・・・・・・・・ 129
□ お先に失礼します―お疲れ様でした
O-saki ni shitureishimasu
--otsukaresama deshita ・・・・・・・・・・・ 151
□ お仕事は何をしているんですか
O-shigoto wa nani o shiteirun desu ka ・・・ 75
□ お疲れ様です / お疲れ様
Otsukaresama desu/ otukaresama・・・ 25
□ お願いします
Onegaishimasu ・・・・・・・・・・・・・・・・・・・ 19
□ おはようございます / おはよう
Ohayō gozaimasu/ ohayō ・・・・・・・・・・ 17
□ がんばってください
Ganbatte kudasai ・・・・・・・・・・・・・・・・・ 45
□ 気分が悪いです
Kibun ga warui desu・・・・・・・・・・・・・・・ 141
□ 今日は暑いですね
Kyō wa atsui desu ne ・・・・・・・・・・・・・・ 61
□ コーヒーをお願いします
Kōhī o onegaishimasu ・・・・・・・・・・・・ 127
□ こちらは温めますか―お願いします
Kochira wa atatamemasu ka
--onegaisimasu ・・・・・・・・・・・・・・・・・・ 135
□ この近くにコンビニはありませんか
Kono chikaku ni konbini wa arimasenka 123
□ この人は誰ですか
Kono hito wa dare desu ka ・・・・・・・・ 157
□ この辺で止めてください
Kono hen de tomete kudasai ・・・・・・ 121
□ ごめんなさい
Gomennasai・・・・・・・・・・・・・・・・・・・・・・ 29
□ これはいくらですか
Kore wa ikura desu ka・・・・・・・・・・・・・ 131
□ こんにちは
Konnichiwa ・・・・・・・・・・・・・・・・・・・・・ 17
□ こんにちは、おじゃまします
Konnichiwa, ojmashimasu・・・・・・・・・ 155
□ こんばんは
Konbanwa ・・・・・・・・・・・・・・・・・・・・・・ 17
□ 寒いですね
Samuidesu ne ・・・・・・・・・・・・・・・・・・・ 199
□ 試着してもいいですか
/ 試着できますか
Shichakusitemo ii desu ka
/Shichaku dekimasu ka ・・・・・・・・・・・ 131
□ 失礼します
Shitsurei shimasu ・・・・・・・・・・・・・・・・ 25
□ じゃ、またね
Ja, matane ・・・・・・・・・・・・・・・・・・・・・・ 25
□ 週末はどうでしたか
Shūmatsu wa dō deshita ka ・・・・・・・ 197
□ 趣味は何ですか
Shumi wa nan desu ka・・・・・・・・・・・・ 195

□ 好きな映画は何ですか
Sukina eiga wa nan desu ka ・・・・・・・ 189
□ 頭痛がします / 頭が痛いです
Zutsū ga shimasu/Atama ga itai desu ・・ 141
□ すみません
Sumimasen ・・・・・・・・・・・・・・・・・・・・・・ 19
□ すみません、駅はどっちですか
Sumimasen, eki wa docchi desu ka ・ 123
□ すみません、ここに行きたいんですが
Sumimasen, koko ni ikitain desu ga ・ 123
□ すみません、注文をお願いします
Sumimasen, chūmon o onegaishimasu ・ 127
□ すみませんが、その日はちょっと
Sumimasenga, sono hi wa chotto ・・・ 35
□ ぜひ、私にやらせてください
Zehi, watashi ni yarasete kudasai ・・・ 113
□ そんなに心配しないでください
Sonnani shinpai shinaide kudasai ・・・ 85
□ 大丈夫ですか
Daijōbu desu ka ・・・・・・・・・・・・・・・・・・ 43
□ 大丈夫ですよ
Daijōbu desu yo ・・・・・・・・・・・・・・・・・・ 45
□ タクシーを呼んでほしいんですが
Takushī o yonde hoshiin desu ga ・・・ 125
□ 田中さんをお願いします
―少々お待ちください
Tanaka-san o onegai shiamsu
--shōshō o-machi kudasai ・・・・・・・・・ 165
□ 注文をお願いします
Chūmon o onegaishimasu ・・・・・・・・ 169
□ ちょっとお願いしたいことがあるんですが
chotto onegaishitai koto ga arun desu ga 31
□ ちょっと手伝っていただけませんか
chotto tetsudatte itadakemasen ka ・・ 31
□ では、そろそろ失礼します
Dewa, sorosoro shitsureishiamsu ・・・ 155
□ では、またご連絡します
Dewa, nata go-renraku shimasu ・・・・ 163
□ 電話番号を教えてくれませんか
Denwa bangō o oshiete kuremasen ka ・ 101
□ どうされましたか
Dō saremashita ka ・・・・・・・・・・・・・・・ 141
□ どうしたんですか
Dō shitan desu ka ・・・・・・・・・・・・・・・・ 43
□ どうぞ
Dōzo ・・・・・・・・・・・・・・・・・・・・・・・・・・ 19
□ どうもおじゃましました
Dōmo ojamashimashita ・・・・・・・・・・・ 155
□ どんな本を読みますか
Donna hon o yomimasu ka ・・・・・・・・ 203
□ 何（だれ / どこ / いつ）でもいいです
Nan(dare/doko/itsu)demo ii desu ・・・ 91
□ 吐き気がします
Hakike ga shimasu ・・・・・・・・・・・・・・・ 141
□ はじめまして。スミスと申します
Hajimemashite. Sumisu to mōshimasu ・・ 29
□ バス停はどこですか
Basutei wa doko desu ka ・・・・・・・・・・ 121
□ ほかの色はありますか
Hoka no iro wa arimasu ka ・・・・・・・・ 131
□ 無理をしないでください
Muri o shinaide kudasai ・・・・・・・・・・・・ 69
□ もう一度言ってください
Mō ichido itte kudasai ・・・・・・・・・・・・ 21
□ 用事があるので、今日はもう帰ります
Yōji ga aru node, kyō wa mō kaerimasu ・・ 99
□ よかった
Yokatta ・・・・・・・・・・・・・・・・・・・・・・・・ 173
□ よし、次はがんばろう
Yoshi, tsugi wa ganbarō ・・・・・・・・・・・ 95
□ わかりました。じゃ、これにします
Wakarimashita. Ja, kore ni shimasu ・ 133

● 監修者・著者

水谷 信子（みずたに のぶこ）
お茶の水女子大学・明海大学名誉教授、元アメリカ・カナダ大学連合日本研究センター教授、元ラジオ講座「100万人の英語」講師など）

● 著者

棚橋 明美（たなはし あけみ） 聖学院大学特任教授
アニタ・ゲスリング アメリカン・スクール・イン・ジャパン講師
岡村 佳代（おかむら かよ） 聖学院大学ほか非常勤講師

レイアウト・DTP オッコの木スタジオ
カバーデザイン 花本浩一
本文イラスト 藤井アキヒロ
翻訳 Anita Gesling ／ Alex Ko Ransom ／ Ako Fukushima

どんどん話せる！ 日本語会話フレーズ大特訓 必須 700

平成 27 年（2015 年） 1 月 10 日 初版 第 1 刷発行

著　者 棚橋明美／アニタ・ゲスリング／岡村佳代
発行人 福田富与
発行所 有限会社 J リサーチ出版
〒166-0002 東京都杉並区高円寺北 2-29-14-705
電　話 03(6808)8801（代） FAX 03(5364)5310
編集部 03(6808)8806
http://www.jresearch.co.jp
印刷所 株式会社シナノ パブリッシング プレス

ISBN978-4-86392-215-0